写给每一个为梦想而坚持的人

没有挣扎就不叫生活

MEI YOU ZHENG ZHA << << <<<

JIU BU JIAO SHENG HUO < <<

章岩——著

励志
治愈

没有挣扎磨练，何来所向披靡

人生难免遇到挫折与彷徨，在逆境中挣扎着奋起，才是真正的勇者

成都时代出版社
CHENGDU TIMES PRESS

图书在版编目（CIP）数据

没有挣扎，就不叫生活 / 章岩著. -- 成都:成都时代出版社，2017.8
ISBN 978-7-5464-1910-7

Ⅰ.①没… Ⅱ.①章… Ⅲ.①成功心理－通俗读物 Ⅳ.①B848.4-49

中国版本图书馆CIP数据核字(2017)第163309号

没有挣扎，就不叫生活
MEIYOU ZHENGZHA JIU BUJIAO SHENGHUO
章岩 著

出 品 人　石碧川
责任编辑　周　慧
责任校对　兰晓蓥蓥
装帧设计　天下书装·米乐
责任印制　干燕飞

出版发行　成都时代出版社
电　　话　（028）86621237（编辑部）
　　　　　（028）86615250（发行部）
网　　址　www.chengdusd.com
印　　刷　北京建泰印刷有限公司
规　　格　880mm×1230mm　1/32
印　　张　8
字　　数　200千
版　　次　2017年9月第1版
印　　次　2017年9月第1次印刷
书　　号　ISBN 978-7-5464-1910-7
定　　价　36.00元

序言

Preface

写给每一个
为梦想而坚持的人

在残酷世界里，活好你自己

人生是什么？这在全世界都是一个重大的哲学命题。《金刚经》中说：“一切有为法，如梦幻泡影，如露亦如电，应作如是观。”也就是说，人生如梦，就像露珠闪电一样，很快就消失不见。若从这个角度分析，人生就很容易陷入虚无的地步。有个人曾在旷野中痛诉：“母亲啊，你生我有什么用？生出个死亡来！”如果从人生最后的归宿来说，人生确实够不幸的，无论是谁，最后都将落个一具骷髅的下场。如果我们省略掉人生的过程和意义，那得出的就是这样一个绝望的结论。

有人说人生是一场劳役，自从我们来到世上就开始了永无休止的惩罚。按照《圣经》的说法，亚当和夏娃被赶出伊甸园之后，我们人类就承受着风雨的鞭打，岁月的苦逼。又有人说，人生就是及时行乐。“花开堪折直须折，莫待无花空折枝。”“春风得意马蹄疾，一日看尽长安花。”人活着，就要尽情享受，有花有酒有诗有远方，总之“莫使金樽空对月”。

到底哪一种说法才是正确的，到底哪一种说法才是我们应该遵照执行的准则。直至今天，我们仍然没有一个标准答案。以上说法都对，但又不全对。我们的人生就像钟摆，总是在不同的极端进行摇晃，我们的身体活在红尘中的烦恼深处，但心灵又幻想着仙佛的极乐天堂，我们的人生就是这样矛盾着。不过，这矛盾也正是一种人生的平衡，当我们陷入虚无而悲观绝望的时候，有美好的当下人生诱惑着我们乐忧忘死；当我们感受到人生劳役的痛苦时，美好的幻想能够让我们获得解脱。

关于人生的残酷，曾有这样一则故事：很久以前，一个旅客走在秋天的旷野，突然看到一具具白骨，正奇怪间，一只猛虎跳出向他扑来。旅客惊慌逃窜，逃至断崖边，看到崖边一棵松树，从树枝间垂下一根藤蔓。旅客立刻抓着藤蔓躲起来，老虎看到猎物侥幸逃脱，恼怒地在上面怒吼。旅客庆幸自己安全了，当他往下看时不禁心惊胆战，原来下面是波涛翻滚的潭水，里面有三条凶恶的毒龙正张着大嘴等着。他吓得浑身哆嗦，只好抬头往上看，却看到更加恐怖的一幕：黑色和白色的两只老鼠正交替啃噬藤蔓连接处。旅客摇动藤蔓，想把老鼠吓走，但老鼠毫不畏惧。奇怪的是，每次摇动之际，都会有汁液从树冠滴落到旅客嘴里，旅客品尝一下，甜美极了。原来树冠上有个蜂巢，蜂蜜被摇落下来。蜂蜜太甜了，旅客不禁忘记自己身处险境，主动摇动藤蔓，让蜂蜜滴落口中。

这个故事就是残酷人生的写照。我们不得不承认，这个旅客就是我们自己，我们走在秋天寂寞的人生旅途中，孤独寂寞都要独自承受。路上白骨累累，就是随着年龄增长，我们所看到的亲戚朋友的死亡。猛虎到来，意味着人到中年，死亡开始逼近。松树代表财产、名誉、地位等，这些可以给人生带来虚荣和暂时的安全感，但死亡到来，一切皆空。藤蔓象征我们的寿命，总认为时间还多、人生还长，得过且过。黑色和白色的两只老鼠，代表着黑夜和白天，交替蚕食着我们的生命。脚下的深渊是死亡无边的地狱，三条毒龙是贪、嗔、痴三大心魔。可见，人生真正的恶魔源于自己的内心。蜂蜜很甜蜜，然而这是人生的麻醉剂，代表人的五大欲望，即：财、色、名、食、睡。我们就在这样的麻醉中，不知不觉丧失掉曾经的理想，走向终极的死亡之境。

的确，人生就是这样的残酷。只是很多时候，我们不愿意看到这样的残酷，像这个旅客一样，我们也非常擅长麻醉自己和自欺欺人。然而，风花雪月也好，醉生梦死也罢，等繁华褪去，梦醒时分，我们终究要面对残酷的人生。我们无法像小时候听童话故事那样可以傻傻地天真到永远，更无法像看动画片那样幻想自己是超级英雄，可以轻而易举地拯救世界。随着长大，我们终要与这个世界直面对决，这个时候将看清人生的真实面目。正所谓“天地不仁，以万物为刍狗”，生活对待万物都一样，不会对谁特别好，也不会对谁特别不好，一切顺其自然发展。

如果你是一个懦弱的人，人生就会呈现残酷的一面；如果你是一个坚忍的人，世界就会展露温柔的表情。我们不得不承认，这个世界也是欺软怕硬的。人生的苦乐并不全在外界，最终还是由自己的内心来决定。你是选择做懦夫还是选择做强者，全在一念之间。

心若向阳，看万物皆有情；心若沧桑，看青山亦白头。佛云：“一花一世界，一木一浮生，一草一天堂，一叶一如来，一砂一极乐，一方一净土，一笑一尘缘，一念一清静。”由此可见，人生的奥妙在于一心之间也。无论这个世界多么糟糕，无论人生多么残酷，我们都要温柔地活好这一生。

目 录

Contents

没有挣扎磨练
何来所向披靡

第一章 从生到死，人生无处不残酷

人生就是这样残酷，也许你已经初步尝到了残酷的滋味，也许你已经被残酷的现实伤得遍体鳞伤。毫无疑问的是，这条残酷的人生道路还要继续走下去，无论前方等待我们的是什么，我们也只能选择面对。

第二章　人生最残酷的不是荆棘密布，而是这辈子碌碌无为

逝去的光阴不可能复得，虚度的人生也不可能重新来过，所以，我们宁可为了理想撞得头破血流，也不要在浑浑噩噩中打发时光。

第三章　现实越残酷，越要活出自己的天地

人生很多时候就是这样，看似已经无路可走，看似已经被这个残忍的世界抛弃，但只要再多一点坚持，就能够走进一个完全不同的世界。或许，这就是残酷的人生法则。

第四章 只要你有梦想和目标，你终会到达想去的地方

这个世界其实并没有那么复杂，只要你有梦想和目标，你终会到达想去的地方。如果没有梦想和目标，一生只能像驴子一样围绕着木桩打转，看似每天忙忙碌碌，但最终仍是原地踏步，看不见远方的风景。

第五章 懂得做人比懂得做事更重要

人生的残酷有很多种，创业失败是残酷，失去爱情是残酷，但这些残酷大都是暂时的，有一种残酷叫“不会做人”，它的破坏力是巨大而持久的。如果你不会做人，你很

可能在这个社会上寸步难行，更不要妄谈成功了。

第六章 相由心生——浮躁世界的静心之道

静，是一种修养，一种智慧，一种境界。人只有保持内心的平静，才能体悟生命的真谛，收获精彩的人生。一个能够静下来的人，他的人生才能够真正活得生龙活虎。

第七章　每一个优秀的人都有一段沉默的时光

一个人要从平庸走向优秀，不可能一蹴而就，而是要经历一段沉默的时光。在这个世界上，能够到达金字塔顶端的只有雄鹰和蜗牛，雄鹰之所以能够到达，是因为它“天赋异禀”，不需要付出太多的努力，也不用经过太长的等待，而蜗牛能够到达，靠的就是长时间默默地坚持。

第八章　残酷人生修行课——乌云背后的幸福线

下雨时，我们总以为阳光不见了。其实，这个时候坐上飞机，飞行到高高的云层之上，你会发现阳光依然灿烂，只不过是躲在了乌云的后面而已。人生也是一样，总要经历各种起起落落。低落的日子就像阴郁的天气，但绝不可放弃，因为在这人生的“乌云”背后还有灿烂的“阳光”。

第九章　人生很残酷，看破才自在

幸福不在远方，就在身边。放下贪欲，放下执念，你就是最幸福的人。我们不需要看破红尘，但需要看透自己的人生。

第十章 乐天知命，才能无忧无惧

人生虽然是残酷的，但如果拥有一颗乐天知命的心，你完全可以逃离残酷的命运。所谓的残酷，只是一种表象，真正的残酷来自自己的心，所有的人生悲剧都是心理悲剧。乐天知命，才能无忧无惧，让我们淡定地活好这一生。

没有挣扎

MEI YOU ZHENG ZHA << << <<<

就不叫

JIU BU JIAO SHENG HUO < <<

生活

第一章

从生到死，人生无处不残酷

人生就是这样残酷，也许你已经初步尝到了残酷的滋味，也许你已经被残酷的现实伤得遍体鳞伤。毫无疑问的是，这条残酷的人生道路还要继续走下去，无论前方等待我们的是什么，我们也只能选择面对。

1. 残酷是人生的真相

一个残酷的现实是，每个人的人生中都不缺乏怀疑者、嫉妒者，甚至是背叛者、中伤者，这些人之中甚至有你曾经的朋友、至爱的亲人！人性就是这样复杂和多变，人生就是这样残酷，但是你除了接受，别无他法。

小的时候，总有人不断告诉我们，只要你有梦想就一定能实现。可是长大后才发现，并不是每个梦想都能够在现实中落地，更多的人，终其一生也只能为生活奔波，更直接地说，就是为钱活着。

梦想可以很美好，但现实却是残酷的。残酷，才是人生的真相。从我们呱呱坠地的那一刻起，我们的人生无论多么美好，都逃不开一个终将死去的结局，这就是人生的最大残酷。而在这一残酷的人生中，我们还面临着太多的残酷事实。

还记得小时候老师教导我们“每个人都站在同一起跑线上”

吗？其实，哪里有什么同一起跑线，很多不公平是天生就存在的。有的人一生下来，地位和财富就都有了，可以一辈子不用为生存担忧，但有的人生下来就一无所有，没钱读书，甚至连温饱也难以解决，辛辛苦苦一辈子也还是穷人一个。没错，不公平才是人生的真相。人生是不公平的，试着接受这一残酷现实吧！

很多人坚信努力就会有收获，中国老祖宗老子也说：“千里之行，始于足下。”任何人想要改变自己的命运，就要迈出改变的第一步。可是，这一步并没有那么容易就能迈出。一些有勇气的人最终迈出了这第一步，但等待他们的是更多的困难和挑战，要在一条全新的道路上坚持到底更是难上加难。出来闯很容易，但坚持到底却总是很艰难。

我们还必须承认一个事实——你无法掌控很多事情。放手，于谁而言都不是一件容易的事情，但现实是，人生中有很多我们无法掌控的事情。一个人，一段感情，失去了就是失去了，不可能让时光倒流，重新拥有；同样，打工也好，创业也好，也都有很多我们无法掌控的事情，有很多的失败是我们必须接受的。

在各种影视剧中，好人总是会有好报。但现实却并非总是如此，我们会看到——好人也会遭遇磨难。不要奢望好人一定会有好报，上帝不会因为你心存善念就眷顾你，好人也会遭遇种种的磨难，甚至远比一些坏人还要多。当人们遭遇到不公平的待遇时，遭遇到超出想象的灾难时，抱怨没有任何意义，在残酷的现实面前，除了接受还是接受。

我们还要认识到，这个世界上存在很多“小白兔”，他们很天真地认为人人都是善良的，人人都愿意保护自己。事实又如何呢？不是人人都对你友好。的确，每个人都有家人、朋友，这是我们爱和温暖的源泉。但是，一个残酷的现实是，每个人的人生中也都不缺乏怀疑者、嫉妒者，甚至是背叛者、中伤者，这些人之中甚至有你曾经的朋友、至爱的亲人！人性就是这样复杂和多变，人生就是这样残酷，但是你除了接受，别无他法。

人生最残酷的是终点相同，不管是富翁还是乞丐，死亡都是人生的必然。失去至爱的人，让我们感到无比痛苦，无所适从。但人人都会死，这是从出生那一刻就注定的，任何人都无法改变。而且，在现代社会，因为车祸、自然灾害等各种意外事件死亡的人数并不是一个小数字。死亡已然让人难以接受，意外的死亡更令人措手不及。在死亡面前，生命脆弱得不堪一击。

这个世界不相信眼泪，只相信实力。也许你付出了很多，最终却一无所获，但是不要抱怨，这就是一个以成败论英雄的时代，成功者可以获得财富、地位、尊严，失败者就只能在别人冷漠的眼神中黯然伤神。正所谓胜者为王，败者为寇，这个规则从来没变过，而且永远也不会变。

人生就是这样残酷，越早认清越早成长！也许你已经初步尝到了这残酷的滋味，也许你已经被残酷的现实伤得遍体鳞伤。毫无疑问的是，这条残酷的人生道路还要继续走下去，无论前方等待我们的是什么，我们也只能选择面对。

或许，你有着远大理想，但摆在面前的却是一连串的失败。

或许，你总是追求完美，但等来的却是一个又一个的遗憾。

或许，你已经付出很多，但收获的仍然是一无所成。

没错，这就是人生的残酷真相！人生充满不公平，也充满变数，无论你对未来有多少憧憬，又规划得多么完美，一个意外就可能全盘打乱你的计划。而在这残酷的人生面前，我们能做的不是抱怨，而是坚强、勇敢，与命运抗争，艰难地闯出一条属于自己的阳光大道。

2. 理想很丰满，现实总是很骨感

理想很美好，现实很残酷，追梦的道路上，我们都应该慎之又慎。然而，不管现实多么残酷，人生多么艰辛，我们都得有理想，这是我们前进的动力源泉。

多数人小时候都写过一篇作文叫《我的理想》，有的写当科学家，有的写当医生、作家，有的写当警察，反正人人都有自己的理想。那个时候说到理想，是真的以为会实现。

可是，当我们长大以后，特别是参加工作进入社会后，才发现很多的理想也只是理想而已，理想可以很丰满，现实却很骨感，不知道有多少人的理想被现实无情地击碎。每个人都要面对这样一个过程，这是淬炼的过程。初生牛犊不怕虎是好事，但被现实杀杀傲气，有时候也是必要的。

我认识一个大学生小强就是其中之一。小强从北京某大学毕业后进入一家汽车集团，成为市场营销部的储备人员，从一线工人做起，熟悉流程。虽然没什么压力，但小强过得很不开心。因在大学期间跟朋友开过礼品店，经营得不错，所以他的内心萌生了创业的想法。他的梦想是做马云那样的企业家，而不是像现在这样虚度光阴。

小强终于辞掉了工作，并趁春节期间家人、亲戚聚到一起时，拿出了自己的策划案：开一家美容美发店。他对大家说，自己并不喜欢美容美发，但这只是一个开始，赚到第一桶金就会投资其他行业，投入的亲戚都可以继续持股和分红。就这样，小强共筹集到 12 万元。

几个月后，小强在北京开始了创业之路。之所以选择北京，因为他觉得人气旺盛，潜藏着商机。可是，从筹备开店开始，创业的艰辛就凸显出来了。在北京人生地不熟，光选址和装修就把小强折腾得够呛。为了省钱，墙壁都是自己粉刷的。

不过，这都不算什么。店铺如期开业后，却没有等来预期中的财源滚滚。就这样惨淡经营一个多月后，小强意识到了自己犯下的错误。首先是选址错误，虽然这里是市中心，但人流并不集中，各项费用却很高，给运营带来了沉重负担。其次，开业的时间正好赶上淡季。

眼看着店铺越发惨淡，小强心里很不是滋味，经常对着员工发火，这就把负面情绪转嫁给了员工，而这样的员工又怎么能服务好顾客呢？

就这样，小强的第一次创业失败了。

小强创业失败后，他的一个亲戚说："你把每一步都想象得太好了，根本没有考虑到可能出现的意外情况！"没错，在这次创业中，小强太理想化了。他选择了一个陌生的行业，也难怪会走向失败了。小强的失败告诉我们，理想总是很美好，但现实却远没有想象中那么简单，在追求理想的道路上，各种困难和意外都有可能将理想扼杀在半路。

每个人都有年轻的时候，每个人都有年少轻狂的时候，这个时候最需要的是沉淀和学习，而不是盲目地冲撞。从这个角度上来说，我并不赞成大学生毕业不久就制定创业的计划，毕竟“不经蹉跎，不长智慧”，事实证明大学生创业的失败率高达90%以上。这就是理想和现实之间的矛盾。成熟的标志是认识现实的残酷，但又不丢掉梦想和热血。

著名企业家冯仑说过：“理想很丰满，现实很骨感。现实和理想总是有一定的距离，这是每一代人都要面临的困惑。理想是墙上挂的美人像，很漂亮；现实是炕上的媳妇，能够生儿子、过日子。如果不能把墙上的美人变成炕上的媳妇，最后生出孩子来过好日子，爱情的理想就会随风飘逝。美人给你的是理想，若能将美人变成炕上的媳妇，就能生出孩子让血脉延续。即使这理想在我这代实现不了，那下一代还有希望，这是一个正向激励过程。”

的确如此，理想激励我们前进，但如果把理想当作现实就太幼稚和天真了！问芸芸众生，谁年轻时没有过理想呢？可是，又有多少人最终实现了自己的理想呢？因为年轻，我们勇敢无畏，所以敢想敢干，可也正是因为年轻，我们对各种困难和风险的估计远远不足。最重要的是，在困难和意外出现后，年轻的我们往往很难沉着地应对，而是轻而易举地就被搅乱了阵脚，如此一来，等待我们的除了失败还能是什么呢？

理想很美好，现实很残酷，追梦的道路上，我们都应该慎之又慎。然而，不管现实多么残酷，人生多么艰辛，我们都得有理想，这是我们前进的动力源泉。只要我们能够选对方向，不放弃、不退缩，量变总会变成质变，我们就会迎来美好的时光。

人的一生总要坚持点什么，不是么？

3. 人生太短暂，很多事情来不及做

人生短暂，每个人都有太多的来不及。整天为生活奔波的父母，他们还来不及好好陪伴孩子，孩子就已经长大。同样，长大后的我们，为了工作四处漂泊，还没来得及好好孝顺父母，他们就已经到了垂暮之年，甚至已然撒手而去。

“盛年不重来，一日难再晨。及时当勉励，岁月不待人。”这是东晋诗人陶渊明为我们留下的一首诗，教导我们人生短暂，应该抓紧时间去做有意义的事。

不过，无论我们怎么抓紧时间，也总是还有很多事情来不及做，因为人生短暂，总是匆匆而逝，很多的来不及，只能成为心底永远的遗憾。

一个好友的母亲出门倒垃圾，不料遭遇一辆疾驰而过的摩托车猛烈撞击，从此倒地不起。这位好友的母亲原本就患有心脏病，家里一直准备着氧气瓶，以备急用，但怎么也没有想到，母亲竟然会以这样的方式离去。

面对母亲的突然离去，子女们完全无法接受，哭着说：“妈妈连一句话都没有交代就走了！”他们一直以为，妈妈即使心脏病发作，也总还有时间跟他们说几句话，可是现在，她怎么一声不响地就走了呢？

人生的残酷就在于此。很多时候，我们总以为生命还长，相处的机会还多，但没想到天人永隔就在不经意之间。其实，人生

短暂，每个人都有太多的来不及。整天为生活奔波的父母，他们还来不及好好陪伴孩子，孩子就已经长大。同样，长大后的我们，为了工作四处漂泊，还没来得及好好孝顺父母，他们就已经到了垂暮之年，甚至已然撒手而去。

其实，很多的“来不及”并不是真的来不及，而恰恰是因为我们总以为来得及，所以总是以忙碌等各种借口为由，一拖再拖，可是，岁月催人老，等到我们认清现实的那一天，已经真的来不及了。

接下来这个故事里的主人公，就是因为一再的“明日复明日”终于酿成终生遗憾：

医院的病床前，一位老先生痛哭流涕地呼唤着他的妻子：“老伴儿，你醒醒啊，我们还要一起去环游世界呢！”可是，他的妻子再也无法睁开眼睛看世界了。

这对老夫妻结婚四十年，初识时，女人原有出国留学的打算，可是为了心爱的男人，她留了下来。而男人为了弥补对爱人的亏欠，许诺说：“总有一天，我会陪你环游世界！”可是，随着孩子的降生，经济吃紧，他们不得不节衣缩食，环游世界于是成为一个遥远的梦。等到孩子终于长大有了自己的家庭后，男人的事业正在巅峰时期，不要说旅游，连在家陪伴她的时间都很有限。他总是说：“等我退休了，一定陪你环游世界！”可是，还没等到他退休，她已经等不及了。

这又是一个令人悲伤的故事，但更多的是遗憾。人生没有永远，很多事情一拖再拖，最后就永远没有机会去做了。如果爱一个人，就应该和他一起好好把握现在，而不是等待一个没有期限的明天。

人生短短几十年，看似漫长，实则匆匆而逝。而最好的青春岁月，更是转瞬即逝，一去不返。所以，趁着年轻，我们都应该给自己的人生确立一个目标，为了爱情也好，为了事业也好，一旦确立目标，就应该立刻行动，全力以赴，而不是明日复明日。

人生只有一次，我们要学会善待自己，该忘记的就忘记，该放下的就放下，活得洒脱一些、快乐一些，才能无悔此生。

人生只有一次，要勇敢地去爱，勇敢地去追，有些人一转身就是一辈子。

人生只有一次，我们哭啼着来到这个世界，一定要微笑着走完所有的路程。因为微笑，人生才得以灿烂，也才能收获幸福。

哪怕人生再短暂、再残酷，只要我们活在当下、把握今天，就自然会收获累累硕果。有句话说得很好："人生本来就短暂，生命本来就脆弱，为何还要如此不珍惜？"

没错，生命不是一条流不尽的河，不要等到河水将枯时，才想起要珍惜。趁一切还来得及，放下顾虑，勇敢去做自己想做的事情吧，失败不可怕，不做才后悔。

4. 为什么我们总会吃亏、摔跤

在追求理想的道路上一次又一次地摔跤，摔碎的不只是梦想，还有那颗原本充满希望的心。若问年轻人的路为何一路波折，只能说人生本来就是残酷的，一个人还年轻的时候，能力、视野、思想等方面都还不成熟，当然就更加容易跌入失败的深渊。

青春，是打开就合不上的书；人生，是启程就走不回去的路。漫漫人生路，吃亏总是难免的，摔跤也是难免的。有些人吃亏之后很不服气，摔跤之后充满怨气，可是这又有什么意义呢？人生原本就是一条坎坷路，我们要做的就是在坎坷之中成长和壮大。当然，成长的前提是我们能够坦然面对这一切。

其实，只要你想得通，吃亏真的就是福。

职业经理人唐骏，在多年前卡拉 OK 还盛行的时候，曾经研发出一个专门用于卡拉 OK 设备上的打分机，演唱者唱完一首歌之后，打分机就能自动打出分数。这一新的亮点，让卡拉 OK 的设备大受欢迎。

当时，三星公司以 8 万美元的价格买断了唐骏的这项发明专利，随后，其卡拉 OK 设备在整个市场中所占的份额，一下子从 10% 提高到 30% 之多。而三星公司的竞争对手，日本的先锋公司向三星公司购买这项专利的使用权，就花费了 150 万美元。

很显然，凭借这项专利，三星公司成了大赢家，而在很多人眼里，唐骏则吃了大亏。不过，唐骏本人在谈到这件事情时，却说："我很感谢三星公司，因为如果不是他们当年购买了我的专利，我就没有最初创业的 8 万美元启动资金，也就不会有后来的事业发展了。"

从金钱的角度看，唐骏的确是在这次交易中吃了大亏，他完全可以以更高的价钱把自己的专利卖出去。若问唐骏为什么会吃这样一个大亏，只能说他当时还年轻，对市场的估计严重不足，也或者他根本就是急用钱去创业，做自己喜欢的事情，而不是自己涉足卡拉 OK 行业。当然，这些完全都是我们的猜测。但有一点可以肯定，唐骏没有觉得自己吃亏，因为8万美元虽然少，但却帮助他开启了以后的事业。

唐骏是幸运的，在这次吃亏之后，事业很快便走上了正轨，收获了自己的成功人生。但我们之中很多人则不同，在追求理想的道路上一次又一次地摔跤，摔碎的不只是梦想，还有那颗原本充满希望的心。若问年轻人的路为何一路波折，只能说人生本来就是残酷的，一个人还年轻的时候，能力、视野、思想等方面都还很不成熟，当然也就更加容易跌入失败的深渊。

英国哲学家培根说过："超越自然的奇迹多是在对逆境的征服中出现的。"关键问题是应该如何面对挫折。所以，当我们在工作和生活中不小心摔倒后，不要生气，也不要抱怨，而是要冷静地反思，我们为什么会失败，以后怎样做才能避免重蹈覆辙。要相信，失败是暂时的，失败也是一种积蓄力量的方式，只要不放弃，总有柳暗花明的那一天。

有一个人，因为接连遭遇失败，决定放弃自己的人生。在放弃之前，他来到森林，希望和上帝做最后一次交谈。

"上帝，你能给我一个不放弃的理由吗？"他问。

上帝说："你看看四周，看到那些山蕨和竹子了吗？把山蕨和竹子同时播种，给它们同样的光照和水分，山蕨很快就钻出地面，要不了多久，它茂密的叶子就会覆盖大片的地面，可是，竹子却一点动静也没有。"

他似乎明白了些什么，但仍然有些迷茫地看着上帝。上帝于是又继续说："第二年，山蕨长得更加茂密，但竹子还是没有长出任何东西。第三年、第四年，也还是一样。可是，到了第五年，竹子的种子钻出一个细小的萌芽，与此时繁茂的山蕨相比，这个萌芽简直微不足道。不过，仅仅是在6个月之后，竹子就长到30多米高了，它花了5年的时间来长根，就是为了第五年的奇迹。”

这时，他终于明白了上帝的用意，“原来我今天所经历的失败都是在长根，当我积蓄到足够的能量后，总会有突飞猛进的那一天！”于是，他离开森林，又开始了自己的拼搏之路。

这个故事告诉我们，当人生处于低谷时，千万不要轻言放弃，只要那颗充满希望的心还在，再多的挫折和失败也都是人生最好的礼物，这些磨炼让我们积累更多的经验，也练就更强大的意志，为人生更大的成功打下坚实的基础。

著名作家梭罗，他每天早晨做的第一件事，就是告诉自己一个好消息。他对自己说：“我能活在世上，是多么幸运的事。”没错，人生虽然残酷，但活着依然是幸运的，依然有很多的美好，依然值得我们拿出百分之百的心来珍惜。

挫折并不可怕，可怕的是摔倒之后那颗绝望的心。人生之路多坎坷，前方的路，即使再迷离，即使遭遇再多的风霜雪雨，也不必太在意。请坚强地走下去吧！

5. 可怕的不只是看得见的危险，更多的危险看不见

人生最可怕的危险不是看得见的“猛虎野兽”，而是看不见的错误心态。错误的心态导致错误的选择，而一个错误的选择可能将人生带上一条一去不返的错误道路。

当我们仅仅是活在当下这一天的时候，可能会觉得人生很漫长，但只要把眼光放远一些，就会发现，人生真的很短暂。而且，就是在这样短暂的一生里，还充满了各种的坎坷，甚至是一些想象不到的危险。

正如大自然没有永远的晴天，人生也没有永远的一帆风顺，各种危险就好像是约定好似的，时不时地就出来偷袭我们一下。在这之中，有些危险看得见，比如面对身边一辆飞驰而过的卡车，我们会明显感受到生命的脆弱。再如面对疾病，特别是癌症等重大疾病，生命更是显得不堪一击。不过，人生更多的危险是看不见的，而这些看不见的危险也更加可怕。有这样一条小鱼，就被看不见的危险要了命。

一条鱼生活在大海里，想到那些鲨鱼，它总是觉得危机重重，一心想要找个机会离开这危险的大海，去过安逸的生活。有一天，它被一个渔夫打捞上来，高兴地在渔网里摇头摆尾："总算是逃出苦海了！"

可是，当它听到渔夫正在和他儿子商量怎么烹饪它的时候，吓得晕了过去。等到它醒来时，发现自己还在水缸中，原来是它那身漂亮的斑纹救了它。渔夫和儿子决定养下这条漂亮的小鱼。从此之后，这条鱼在水缸里过着平静的生活，因为没有来自鲨鱼的危险，它感到无比的快乐。

每天，渔夫还会往水缸里放一些鱼食，小鱼就更加开心了，想起自己从前去寻找食物，还得提防天敌的突然袭击，它觉得自己现在是最幸福和安全的。

后来有一天，渔夫要出海远行，要十几天才能回来，留下儿子一人在家。渔夫离开后的第一天，小鱼没能按时吃到鱼虫，第二天，还是没吃到，第三天，它已经饿得头昏眼花了。第四天，终于有吃的了，但却是渔夫儿子的剩饭，但小鱼已经顾不上那么多了。就这样，小鱼要隔上好几天才能吃到一些残羹冷炙，它不停地抱怨，却什么也不能改变。

终于，有消息传来，渔夫在海上遇难死掉了，而渔夫的儿子则收拾东西搬走了。他带上了很多东西，却唯独没有想起这条小鱼。

日子一天天过去，四周静悄悄，只剩下一口水缸和水缸里的一条濒死的鱼。此时的它，心中装满了更多的抱怨，它抱怨渔夫出海时为何不带上它，它抱怨渔夫的儿子搬家时为何对它视而不见，它甚至抱怨当初离开大海时它的伙伴为什么不规劝它，它抱怨一切的一切，却唯独没有抱怨自己。

在又一个太阳升起的日子，四周静悄悄，只剩下一口破水缸和一条死鱼。

小鱼为了躲避大海里看得见的危险，选择了看似安全的水缸里的生活，可是它不知道，看不见的危险更加可怕。水缸里虽然安逸，却也失去了最宝贵的自由，而因为失去自由，它也最终失去了最宝贵的生命。

一个看似简单的小故事，却值得我们每个人深思。这个故事告诉我们，人生最可怕的危险不是看得见的“猛虎野兽”，而是看不见的错误心态。错误的心态导致错误的选择，而一个错误的选择可能将人生带上一条一去不返的错误道路。要知道，时光一去不复返，无论彼时的你多么懊悔，也没有机会重来一次，如果是犯下严重的错误，很可能会毁掉整个人生。

无论在工作还是生活中，抱怨心态都是最可怕的危险。在家里，抱怨让贤妻变怨妇，严重影响到整个家庭的和谐和幸福，现代社会很多离婚的夫妻都逃不掉一个抱怨。在工作中，抱怨让一个人被贴上不积极、不负责任等各种负面标签，无形之中失去很多晋升的机会。

人生不如意十之八九，这是人生的常态，而要改变不满意的生活现状，正确的做法是积极行动起来。因为抱怨能够带给我们的，不过是把生活和工作推向更加糟糕的境地。人生都已经够残酷了，我们何必这样“虐待”自己呢？只有那些能够在困难面前改变心态，并积极行动起来的人，才能扭转人生，赢得未来的精彩。

6. 别摔倒在熟悉的路上

在探索的道路上摔倒，情有可原，在熟悉的道路上摔倒，无可原谅。人生是一条单行路，没有多少机会让我们从头来过，有时候一旦摔倒，就再也没有机会站起来，这的确很残酷，但这就是现实。

有一个人，每天都骑自行车上班，日复一日，年复一年，上班所走的这条路，他再熟悉不过了。但是有一天，就在这条再熟悉不过的道路上，他被摔成重伤住进了医院。这究竟是怎么回事儿呢？原来，正是因为熟悉，他骑车的速度很快，当他发现道路前方的一块大石头时，为时已晚，他被重重地摔倒在地。

这说明了什么？千万别以为熟悉的道路上没有危险！正因为

熟悉，所以养成了习惯，而习惯则能带你跌入残酷的深渊。野兔的悲剧，或许更能说明这个问题。

野兔是一种非常狡猾的动物，一般的猎人是很难捕捉到它的。但是一到下雪的日子，野兔的末日也就到了，为什么呢？

原来，野兔从来不敢走没有自己脚印的路，每一次它从窝中出来觅食时，它总是小心翼翼地，有一点风吹草动，就赶紧回到窝中。如果走出一段长长的路后是安全的，那么它返回窝中的时候总是按照原来的路线返回。

经验丰富的猎人摸透了野兔的这种习性，专门在下雪天来捕捉它们。猎人找到野兔在雪地上留下的脚印，在它走过的路上设置一个机关，然后恢复表面的形状，就可以坐等着第二天收获野兔了。

野兔之所以会丢掉性命，恰恰在于它太过于相信自己走过的路，它怎么也想不到这条它以为最安全的道路却也有危险的时候。

其实，人生之路又何尝不是如此？因为太熟悉一些人，毫无保留地去相信，可最后却被伤得遍体鳞伤；因为太熟悉一些事，信心十足地去做，最后却错误百出。我们总是以为熟悉的路上没有危险，直到被重重“摔倒”的那一天。

那么，熟悉的道路上为何会有危险呢？一是因为意外的存在，人生总有意外，意外今天没有发生，明天也没有发生，但不代表永远不会发生；二是因为疏忽，有些危险原本不足以对我们造成伤害，但因为疏忽大意，危险才能靠近我们，并伤害到我们。

因为熟悉，就自以为安全，这是一种很普遍的心理，有时候甚至很可怕。

来看这样一个悲剧故事：

很多人喜欢登山运动，因为这可以挑战自己，挑战极限。在亚洲，著名的喜马拉雅山每年都会迎来许多勇气可嘉的人。

有一年，一个登山队来到了这里，他们准备好了食物、药品和其他登山所需的器材，正准备出发。这时，一位专家提醒他们说："多带几根钢针，在严寒的状况下，燃气炉的喷嘴很容易堵塞，一旦堵塞，只有钢针能够解决这个问题。如果燃气堵塞的话，这就意味着全队的生命将要受到威胁。"但遗憾的是，全队没有一个人在意专家的话，因为按照经验，他们认为带一根钢针就足够了。

他们到半山腰的时候，燃气炉真的堵塞了。这时候，一名队员把钢针取出来，可是，因为天气实在太寒冷，钢针变得很脆，他一不小心就把钢针给崩断了——全队人的饮食也断绝了。最后，整个登山队没有一个人从山上走下来。

这个悲剧，与其说是个意外，不如说源自人为。因为太过相信登山的经验，最终导致了不可挽回的悲剧。可见，越熟悉可能越危险，因为熟悉衍生自信，进而在高估自己的同时低估风险，最终把自己推向危险。

这当然是一个比较极端的案例，但其中的教训依然值得我们重视，在熟悉的道路上依然有必要谨慎前行。

拿开车来说，新司机因为对路况不熟悉，往往会比较谨慎，开车也比较慢，但是，随着对路况以及车的性能都越来越熟悉，就比较倾向于开快车，认为快一些也不会有危险，而当经历过一些危险之后，才会想明白"越熟悉越危险"的道理。人的一生，也好比是开车，能够安全抵达终点的人，不是技术最好的人，而是心态最稳的人。

在探索的道路上摔倒，情有可原，在熟悉的道路上摔倒，无可原谅。人生是一条单行路，没有多少机会让我们从头来过，有时候一旦摔倒，就再也没有机会站起来，这的确很残酷，但这就是现实。

人生已经够残酷了，如果还要摔倒在熟悉的路上，那不是自己让人生变得更加残酷吗？

没有挣扎就不叫生活

MEI YOU ZHENG ZHA << << <<<

JIU BU JIAO SHENG HUO < <<

第二章

人生最残酷的不是荆棘密布，而是这辈子碌碌无为

逝去的光阴不可能复得，虚度的人生也不可能重新来过，所以，我们宁可为了理想撞得头破血流，也不要在浑浑噩噩中打发时光。

1. 人生残酷不在于碰头流血，而在于浑浑噩噩

我们宁可为了理想撞得头破血流，也不要在浑浑噩噩中打发时光。人生短暂，经不起这样随意的“打发”。仅有一次的人生，只有活得明明白白、潇潇洒洒，才能不枉此生。

你真的很忙吗？

你真的很努力吗？

当然，这一切都是显而易见的。但是，我们要明白——很多人只是看起来十分忙碌，甚至忙得连吃饭都只能应付一下，可是，实际上他们却过着浑浑噩噩的“无意识生活”。之所以这样说，是因为他们不知道人生的目标在哪里，他们也无法在这忙碌之中体会到人生的价值，他们只是习惯了这样的忙碌，仅此而已。如果有限的人生就在这样的“糊涂”中度过，不是太遗憾了吗？

现在就来反观一下你自己的人生，是在这样的模式中不断循环吗？

每天早上睁开眼睛，时间迅速被一天的事情填满。

出门，挤车。

匆匆赶到公司，开始一天的工作，忙碌，发呆。

中午纠结吃什么。

午饭之后打瞌睡，瞌睡之后开始下午的工作，忙碌，网购，下班。

在拥挤的人群中加入回家的队伍。

晚饭之后，看电视，上网，睡觉。

新的一天，不断重复。

这是你的生活吗？不用说，这是现代很多人生活的写照。一天的时间，倏忽而过，虽然总是匆匆忙忙，但却没有做几件真正有意义的事情。不得不说，这是一种浑浑噩噩的人生，不断用所谓的忙碌让自己获得暂时的满足感和成就感，似乎得到了很多，实际却什么也没抓住。更可怕的是，这种生活模式完全疏忽了对真正人生理想的考虑，在日复一日的忙碌中，越来越麻木，越来越不敢谈起理想。

无所事事是对时光的辜负，而这样一种浑浑噩噩的人生本质上同样是对光阴的辜负。光阴一去不返，若此生就这样糊涂地走过，等待我们的就只有后悔了。

有一个叫卡西拉的人，买了一幢别墅，从那以后，他每天下班回来，都会看到有一个陌生人从他家后花园扛走一只箱子，装上卡车拉走。他总是来不及喊，那人就已经走远了。这一天，卡西拉决定开车去追。

那辆卡车最后停在城郊的一个垃圾处理场，只见那人把箱子扔进了垃圾桶。卡西拉不解，上前问道："您从我家扛走的箱子里到底装着什么东西?”

那人打量了他一眼，说：“都是你虚度的日子!”

“日子?”

“没错，你虚度的日子!”

“我虚度的日子?”

“对，你虚度的日子，浪费掉的光阴，我都会装走。”

卡西拉走过去，顺手打开了一个箱子。箱子里有一条暮秋时节的道路，他的未婚妻正在一个人孤独地散步。

他打开第二个箱子，里面是一间病房，他弟弟约苏躺在病床上等他归去。

他打开第三只箱子，原来是他那所老房子。他那条忠实的狗杜克，卧在栅栏门口等他。它等他两年了，已经骨瘦如柴。

卡西拉突然哽咽了，他请求那个人说：“求求您，让我取回这些箱子吧，付钱也行，付多少都行!”但对方毫不犹豫地拒绝了他，说：“一切都太迟了，不可能再取回浪费掉的光阴!”

逝去的光阴不可能复得，虚度的人生也不可能重新来过，所以，我们宁可为了理想撞得头破血流，也不要在浑浑噩噩中打发时光。人生短暂，经不起这样随意的“打发”。仅有一次的人生，只有活得明明白白、潇潇洒洒，才能不枉此生。

都说难得糊涂，没错，人在有些事情上是糊涂一些好，比如在人情世故、利益算计上，但在大事、正事上都必须足够清醒和理智。实际上，那些把“难得糊涂”奉为人生座右铭的人也绝非真正糊涂，而只是懂得在适当的时候装糊涂罢了。

人生短暂，我们都需要给自己确立一个目标，并为之积极奋斗。要知道，人生，有什么样的目标，就有什么样的未来。也可以说，你今天处在什么位置上不要紧，重要的是未来你打算走向哪里。绝大多数人之所以平庸一生，正是因为目标不明确，或者根本就没有目标。目标就像是人生路上的指明灯，指引着我们勇往直前。

你是愿意在错误的路上“浑浑噩噩”，还是愿意在正确的路上“头破血流”？

“头破血流”只是暂时的，走过艰难时世，一切都将柳暗花明。

2. 成长带走的不只是时光，还带走了当初不害怕失去的勇气

一个奇怪的现象是，我们越成长，似乎越缺乏勇气了。这其中的逻辑倒也容易理解。随着一个人的长大，经历多了，思想更加成熟，所以遇到事情时也就会顾虑比较多，不再像年少时那样“初生牛犊不怕虎”了。

诚然，成长是美好的旅程。在这个旅程中，从稚嫩到沧桑，时光改变了我们的模样。然而，我们总是喜欢本末倒置，最后得到了什么，而又失去了什么？

我们都说“年少轻狂”，表面上看，这是在表达对年轻人狂傲的不满，但实际也是对年轻人的一种隐性肯定，称赞年轻人勇气十足。不过，成长是一把双刃剑，当一个年轻人从懵懂走向成熟，各方面的能力也都得到提高之后，同时也失去了年少时无所

畏惧的勇气。

德国文学家歌德说："一个人失去了勇气也就失去了全部。"而这，绝不是耸人听闻。一起来看下面这个故事：

有两个人被困在沙漠中，携带的水和食物都已经消耗完了，其中一个人还染病在身。他们两人都很清楚，如果两人继续这样漫无目的地走下去，可能谁也没办法存活了。于是，两人之中那个健康的人拿出一把手枪和五颗子弹，对生病的同伴说："你在这儿等我，我去找水源，找到水源就回来找你，你拿着这枪，每隔两个小时对着天空开一次，这样我可以寻着枪声找到你。要是等五颗子弹都打出去，我还没有回来，你就想其他的出路吧。"

两个小时后，他打出了第一颗子弹，没有同伴的踪影。

他的情绪越来越焦虑，直到打出第四颗子弹，他的同伴仍然没有回来。这时，他的内心已经彻底凌乱，他猜想："同伴是否在找水的途中渴死了，或者是找到水之后独自离开了？"就这样在胡乱的猜测中度过了最后的两个小时。他想，自己一个病怏怏的人，如何能走出这漫无边际的沙漠，与其等待渴死，不如……就这样，他举起手枪，把最后一颗子弹射了出去。

不过，不是对着天空，而是对着自己的头颅。可是，就在这第五声枪响后不久，他的同伴回来了，不仅带回了清澈的水，还牵来了两匹骆驼。可是，他看到的只有同伴的尸体。

在这个世界上，一个人失去财富算什么，财富可以重新创造；失去荣誉算什么，荣誉可以重新赢得；可是，人一旦失去了勇气，就什么都没有了，甚至包括生命，就正如上面故事里的这个"懦夫"——他没有勇气面对生的艰难，所以"勇敢"地选择了死亡，说到底他还是人生的逃兵。

人生路上，我们会遇到很多困难，甚至会遭遇很多失败，但绝不能因此就丧失勇气。勇气是人生最宝贵的财富，一个人有足够的勇气，他才能够去闯荡未知，挑战未来，而一个瞻前顾后、总是害怕失去的人，一辈子只能守在原地，过着平庸的日子。失败并不可怕，只要勇气还在，总会有成功的那一天。

但一个奇怪的现象是，我们越成长，似乎越缺乏勇气了。这其中的逻辑倒也容易理解，随着一个人的长大，经历多了，思想更加成熟，所以遇到事情时也就会顾虑比较多，不再像年少时那样“初生牛犊不怕虎”了。

我们常说，年轻是人生最宝贵的财富，其实说的不是年轻本身，而是年轻时所拥有的勇气，敢想敢干，勇往直前，这才是真正的财富。成长让我们成熟，但成熟绝不意味着丧失勇气，年轻时的勇气难免有鲁莽、冲动的嫌疑，成熟之后的勇气则应该更加理智，能以更大的把握带领自己走上一条通向成功的道路。

人人都想拥有一个天堂般的未来，可是，既然如此，为什么我们还在勇气和怯懦之间犹豫徘徊？为什么不能像我们选择天堂一般“毫无顾忌”地勇敢前行？古罗马有句谚语，“勇气通往天堂，怯懦通往地狱”。你希望自己的未来走向天堂还是地狱？

从这一刻起，拿出你的勇气来！

3. 如果没有了梦想，生命也就毫无意义

人生是一场远行。远行时你可以没有车马盘缠，可以不带锦衣玉食，可以两手空空什么行李也不带，但一定要带上你的梦

想。因为，梦想是最宝贵的财富。

人生匆匆几十载，不过是白驹过隙，转瞬即逝。在这有限的人生中，有一件我们不得不做的事情，那就是追求梦想。没有梦想的人生是苍白的，也是悲哀的。但遗憾的是，现在不仅是追求梦想的人越来越少，连心中敢于点燃梦想的人都在一天天地减少，越来越多的人只是为了生存而奔波。

其实，人生的路无论怎样选择，都应该奔着一个方向，那就是梦想的方向。刘若英就是这样一个相信梦想、相信自己的人。

刘若英是台湾少数在歌坛、影坛表现都十分卓越的女艺人。但在她最初入行的时候，陈升却对她说：你既没有一副漂亮的面孔，也没有一副好嗓子，唱歌真的不适合你。然而倔强的刘若英却对他说：“唱歌是我的梦想，如果不能做到，我宁愿留在最靠近它的地方。”

于是，刘若英从当制作助理开始，做了大量幕后工作，除了专业的，还包括安排进录音室的时间，甚至倒茶、拿盒饭……一边当制作助理，一边录了个人第一张专辑。

终于，经过几年坚持不懈的努力，最后，“奶茶姐”成功了。

因为敢于坚持梦想，才有了后来的刘若英。如果当年面对陈升的怀疑，她放弃了梦想，她今天的人生又是什么样子？

因为有梦想，人生才有意义。而没有梦想的人生，跟一条咸鱼没有分别。可是，在心中种下梦想容易，在现实中一步步去实现梦想却没那么简单。或许，一次失败就足以让你想要说放弃。

下面这个故事里的主人公，就险些对梦想永远说再见。

18 岁那年，英格丽·褒曼的梦想是在戏剧界成名。但是，她的监护人奥图叔叔却要她当一名售货员或者秘书。为这件事，两人争执不下，最终，奥图叔叔答应给她一次参加皇家戏剧学校考试的机会，如果考不上就必须服从他的安排。

为了能考上皇家戏剧学校，英格丽·褒曼还颇费了一番心思。一方面，为了这次考试，她精心准备了一个小品，表演一个快乐的农家少女，逗弄一个农村小伙子。她比他还胆大，她跳过小溪向他走去，手叉着腰，朝着他哈哈大笑。另一方面，在考试的前几天，她给皇家剧院寄去一个棕色的信封，如果失败了，棕色的信封就会退回来，如果通过了，就给她寄来一个白色信封，告诉她下次考试的日期。

终于，考试的日子到了。英格丽·褒曼出场，跑两步，在空中一跳就到了舞台的正中，她欢乐地大笑，接着说出第一句台词。这时，她很快地瞥了评判员一眼，惊奇地发现评判员们正在聊天，相互大声谈论着，并且比画着。见此情景，英格丽·褒曼非常失望，连台词也忘掉了。而这时，评判团主席对她说："停止吧！谢谢你……小姐，下一个，下一个请开始。"

这一刻，英格丽·褒曼彻底失望了。她觉得自己的梦想就要从此破灭了。她是如此难过，以至于想到了自杀。

她站在河边，准备结束自己的生命，可是，当她的目光投到河面上时，发现水是暗黑色的，肮脏得很。她心想，她若死在这河水里，身上会沾满脏东西，还得咽下那些脏水。她又犹豫了："不！这样不行。"于是就放弃了自杀的念头，回家去了。

第二天，有人给她送去了白信封。白信封？她真的拿到了被录取的白信封。

多年后，已成为明星的英格丽·褒曼碰见了那位评判员。闲聊之际，便问道："请告诉我，为什么在初试时你们对我那么不好？就因为你们那么不喜欢我，我曾经想去自杀。"

"不喜欢你?"那位评判员瞪大眼睛望着她，"亲爱的姑娘，你真是疯了！就在你从舞台侧翼跳出来，来到舞台上的那一瞬间，而且站在那儿冲着我们笑，我们就转身彼此互相说着："好了，她被选中了，看看她是多么自信！看看她的台风！我们不需要再浪费一秒钟了，还有十几个人要测试呐！叫下一个吧！"

英格丽·褒曼始终坚持梦想，最终成为世界著名明星，这是梦想的力量。

放弃梦想就等于放弃了生命，这是需要每个人重新认识的课题。许多人一旦遇到困难或挫折，首先放弃的往往总是梦想。但你放弃的不只是梦想，更是生活的动力和奋斗的价值。没有了这些，我们行走在世界上，就会变成一具行尸走肉。

其实，实现梦想从来不会是一件轻而易举的事情，遭遇旁人的怀疑甚至打击是常有的事情，但我们自己一定要相信自己，勇敢地为梦想坚持到底，梦想到底能否实现，自己说了算。

人生是对岁月的回眸，梦想是与岁月的较量，只有坚持梦想，我们才能征服岁月，才能证明自己的价值。

人生苦短，青春更是短暂，如果没有梦想，生命只剩下苍白，青春只剩下遗憾。而只有为了梦想无怨无悔地去追逐，人生和青春也才能了无遗憾。

人生是一场远行。远行时你可以没有车马盘缠，可以不带锦衣玉食，可以两手空空什么行李也不带，但一定要带上你的梦想。因为，梦想是最宝贵的财富，有了梦想，你的心灵可以忍受任何困苦，你的人生可以创造无限奇迹。

4. 安于现状的悲哀——坐以待毙是最冒险的

挑战未知很危险吗？不，未知之中也许藏着风险，但和安于现状的危险比起来，又算得了什么呢？趁着年轻，就要勇敢地追求梦想。安于现状的人是懒惰的，也是懦弱的，更不配拥有一个精彩的未来。

你知道世界上最可怕的力量是什么吗？

有人或许回答说是宇宙黑洞。诚然，黑洞具有吞噬一切的魔力，实在可怕极了。然而，宇宙黑洞距离我们太遥远，每天就在我们身边的“黑洞”则是习惯。

习惯了一种生活，往往就很难有勇气去改变。可是，习惯看似给我们安全感，却也意味着安于现状，不思进取。而这对于年轻人来说，无疑是一件很危险的事情。很多时候，习惯已经让我们麻木，对于深陷其中的危险全然不知，就好像是温水里的青蛙。

美国康奈尔大学的生物学教授，曾经做过一个“煮青蛙”的实验。首先，他把一只青蛙冷不防地丢进煮沸的水中，结果，就在千钧一发之际，这只青蛙用尽全身力气跳出了水锅，安全地逃生了。

接着，教授又使用同样大小的一口铁锅，在锅里放满了冷水，然后把这只曾经死里逃生的青蛙放进去。在锅里，青蛙欢快地表演着它的游泳技巧。这个时候，教授开始将水加热。青蛙并不知道大祸将临，依然在水中怡然自得。

随着水温缓慢提升，青蛙一直都没有感到异样。当它觉察情形不对时，为时已晚。最终，它全身瘫软，根本没有力气跳出去了。

青蛙之死，告诉了我们安于现状是多么可怕。安于现状让青蛙丧失了对危险的觉察力，当意识到危险来临时却为时已晚。

生活中的我们，是否也在犯类似的错误？习惯了朝九晚五的工作，习惯了吃饭、看电视、睡觉的日子，看似平淡，实则潜藏着未知的风险。要知道，这个世界是充满竞争的世界，而且竞争的环境千变万化，一个人必须具有居安思危的思想，他才能在这个世界上越走越好，走出自己的一条成功大道。

有一对相恋的大学生，他们毕业后都在亲戚的公司上班，每个人每月只有一千多元的收入。每天下班后，他们就在出租屋里看电视，周末休息的时候就去逛商场。就这样，很快两年过去了。

有一天晚上，他们的一个大学同学打来电话，说在市中心买房子，邀请他们去参观。挂掉电话，他们俩都沉默了。最终，他们决定改变现状，为未来努力。

在这之后，每个月发了工资，他们都拿出一半存在卡里。而且，女孩开始利用晚上的时间写稿，并给很多的杂志社投稿，而男孩则开始研读业务员提高业绩的书籍和资料。

两个月后，他们有了 3000 元的存款。他们用这笔钱买了一辆电动车，开始利用晚上和周末的时间去图书馆借书、看书。

半年之后，女孩已经在杂志上发表了好几篇文章，而男孩在销售上的业绩也大大提升。

5 年之后，他们拿到了市中心位置最好的房子的钥匙。而此时的女孩，已经是一家杂志社的总编，男孩已经是一家广告公司的老板。

这是一个令人欣喜的故事，这样的人生转变一定是人人都渴望的吧！可是，想要拥有这样的未来，就不要安于现状，而是积极进取。人只有具备了一颗不满足的心，他才能够不断激励自己上进，去追求更大的目标，去实现更大的理想。

挑战未知很危险吗？不，未知之中也许藏着风险，但和安于现状的危险比起来，又算得了什么呢？趁着年轻，就要勇敢地追求梦想，安于现状的人是懒惰的，也是懦弱的，更不配拥有一个精彩的未来。

理想是成功的阶梯，这句话被我们传诵了很多年，但实际上，理想不过是远方的一个目标，是我们要攀登的山顶，行动才是真正的阶梯，因为只有靠着一步步的行动，我们才能真正抵达远方的理想之巅。

明天就是一个十足的骗子，它用虚假的承诺无情地剥夺你今日的时间——人生最大的财富。明天太狡猾，你永远只能想象，却从来也抓不住它。所以，每一个心中还有梦想的你，都应该从等待中醒来。

从现在开始，抓住今天，改变现状，为梦想启程！

5. 定势思维的困局——困住你的不是世界，而是你的思维

无论在生活还是工作中，定势思维无处不在。人生短暂，谁都想要精彩地走过，可是又有多少人能突破固定思维的限制，去

开拓出自己的一个崭新未来呢？

很多时候，人们都习惯于用已有的定势思维去观察世界、经营自己的人生，结果怎么也走不出自己为自己设置的“牢笼”，终生与成功无缘。我们的所作所为可能只是习惯性动作，看不惯的事物可能是独一无二的革新创举。由此可见，思维定式的牢笼有多么可怕，可能会阻碍世界的进步，以及毁掉一个人的人生。

有一头驴，拉了一辈子磨，最后主人怜悯它，就解开他脖子上的绳套，让它在草地上自由自在地吃草。可是，奇怪的是，驴对广阔的世界视而不见，而是一步一个脚印绕着一棵树打转。

原来，这头驴因为拉了一辈子磨，转了一辈子圈，已经不知道去干别的事情了。我们之中的许多人岂不正像是这头驴，终其一生被拴在自己的思维模式上打转，围绕着自己不满意的旧生活得过且过一辈子。

事有本末，物有始终，固定行为的背后一定有固定的思维。例如，为什么我们上班时总是习惯走固定的线路或者乘坐固定的某路公共汽车，为什么我们出差时总是住在自己熟悉的宾馆，道理很简单，因为经验——熟悉了就觉得安全，担心改变会给自己带来不必要的麻烦。但遗憾的是，这种习惯了的选择未必是最好的。

在下面这个故事里，就有一个深受思维定式所害的人。

一位著名的“逃脱大师”应邀到一个小镇表演，演出非常成功。所有的观众都被他的精彩表演吸引住了，他们的神经绷得紧紧的，仿佛真的经历了那惊心动魄的冒险。

演出结束后，小镇上的居民意犹未尽，他们给这位“逃脱大师”出了一个节目，大师也欣然答应了。

人们为他准备了一个铁皮制成的箱子，只有一扇门，里面锁了一把锁。箱子顶上有个洞，刚好够一个人进出。大师要做的就是从上面的洞钻进去，然后打开锁，从门口出来。

大师非常自信地开始了挑战，他借助梯子爬上了箱子的顶端，还绕了一圈，微笑着向观众挥手致意，一副胜券在握的样子。接着，他从那个洞钻进了箱子。大师观察了这把锁，觉得是一把很普通的锁，于是就用最常用的方法试着去打开它，但是却打不开。接着他只好尝试另一种方法，但锁仍然打不开。大师静下心来，尝试了一个又一个的方法，时间一分一秒过去了，锁仍然没有打开。

这时候，箱子外面的观众已经有些躁动了，有的站起来，想看看到底发生了什么。而箱子里的大师，已经穷尽所有的方法，但还是打不开那把锁，此时，他的额头已经沁出汗珠，手也开始发抖了。“见鬼，怎么打不开！”大师一下子瘫倒在地，而就在他瘫倒的同时，脚刚好碰到了门——门开了！天呀，原来这扇门根本没有锁住！整个事件不过是小镇居民跟他开的一个玩笑。

在这个故事里，“逃脱大师”被困在了一个没有上锁的箱子里，显然都是定势思维惹的祸。开锁是“逃脱大师”的长项，所以在他看来，一切东西都是加锁的，久而久之，他就习惯了用开锁的思维去看待一切，结果导致他心中上了一把锁，限制了自己的思维和行动。

生活中的我们，心中是否也有这样的一把“心锁”？总是习惯性地按照已有的经验，或者固有的思维去思考和解决问题，以至于把很多简单的问题想得很复杂？事实是，有些时候我们被困住，不是事情本身很难，而是我们用自己的思维困住了自己。

在职场中，当我们新换一家工作单位时总是觉得不适应，为何？是新公司的企业文化和处理方式不如之前的好？当然不是，而是我们习惯了以前的单位，不能突破和改变已经形成的思维模式罢了。

无论在生活还是工作中，定势思维无处不在。人生短暂，谁都想要精彩地走过，可是又有多少人能突破固定思维的限制，去开拓出自己的一个崭新未来呢？

你，准备好去打破自己的思维定式了吗？

6. 改变明天的方法——今天做不同以往的事

一个人在这世界上生活，如果他的心态是积极向上的，那么他的生活也将会是美好快乐的。相反，如果他的内心消极，那么他的生活也多半是忧伤的。一个人能够拥有怎样的世界、怎样的人生，归根结底取决于他自己。

如何才能遇见最好的自己？

如何才能过上自己最想过的人生？

人生旅途中，每个人都想拥有精彩的生活，都想有一个不一样的未来，但却苦于无法实现这样的愿望。于是把原因归结为社会不好，或者命该如此，其实，真的是这样吗？实则，这一切都是自己造成的，因为这些人从来没有想过改变现在，改变自己。

有果必有因，任何人的未来都是他的现在种下的，一个人改变明天的唯一方法，就是今天做一些不同于以往的事，更直接地说，就是改变现在的自己。

在威斯敏斯特教堂地下室里，英国圣公会主教的墓碑上写着这样的一段话：

当我年轻自由的时候，我的想象力没有任何局限，我梦想改变这个世界。

当我渐渐成熟明智的时候，我发现这个世界是不可能改变的，于是我将眼光放得短浅了一些，那就只改变我的国家吧！

但是我的国家似乎也是我无法改变的。

当我到了迟暮之年，抱着最后一丝努力的希望，我决定只改变我的家庭、我亲近的人——但是，唉！他们根本不接受改变。

现在在我临终之际，我才突然意识到：如果起初我只改变自己，接着我就可以依次改变我的家人。然后，在他们的激发和鼓励下，我也许就能改变我的国家。再接下来，谁又知道呢，也许我连整个世界都可以改变。

穷其一生，想要改变世界，改变他人，最后却遗憾地发现，只有先改变自己，才有可能去改变想要改变的一切。这个教训足够深刻，值得我们每一个人深思和谨记。

或许，我们一出生就面临悲苦的命运，一路走来，波折不断，但因此我们就有权利抱怨命运，甚至自暴自弃吗？不，人生，发牌的是上帝，拿到烂牌也要接着，抱怨是没有任何意义的，我们能做的就是想方设法把这副牌打好。也许今天，我们不得不在一个微不足道的位置上隐忍而活，但是没关系，只要我们能够摆正心态，就能看到一个全新的世界，一个充满希望的未来。

一天，一个牧师正在准备第二天讲道的稿子，可是，他的小儿子却一直吵闹不休。牧师无可奈何，便随手拾起一本旧杂志，把色彩鲜艳的插图——一幅世界地图，撕成碎片，丢在地上，说道："小约翰，如果你能拼好这张地图，我就给你2角5分钱。"

牧师以为这样会使约翰花费上午的大部分时间，但是没过10分钟，儿子又来敲他的房门。牧师看到约翰如此之快地拼好了一幅世界地图，感到十分惊奇："孩子，你怎么这样快就拼好了地图？"

小约翰说："这很容易，因为在另一面有一个人的照片，我就把这个人的照片拼到一起，然后把它翻过来。我想如果这个人是正确的，那么，这个世界也就是正确的。"

牧师微笑起来，给了他的儿子2角5分钱。还说："孩子，谢谢你替我准备了明天讲道的题目：如果一个人是正确的，他的世界也就会是正确的。"

"如果一个人是正确的，他的世界也就会是正确的。"这句话听起来很是深奥，但揭示的道理其实很简单，一个人在这世界上生活，如果他的心态是积极向上的，那么他的生活也将会是美好快乐的。相反，如果他的内心消极，那么他的生活也多半是忧伤的。一个人能够拥有怎样的世界，怎样的人生，归根结底取决于他自己。所以，每一个想要拥有成功人生的人，千万不要试图去改变世界，改变自己才是可行之道。

改变自己当然并不容易，但相对于改变世界的不可能，已经算是很容易了。只要自己能转变思维，同时下定决心，并拿出十足的毅力，改变自己完全可能。

7. 不经历坎坷风波，怎能梦想成真

梦想是让生命澎湃的源泉，是一个必须时刻带在身上的神奇包裹。因为有梦想，人生才有无限可能。可是，梦想和坎坷就像是一对难兄难弟，从来都不会分开，只有那些能够迈过坎坷的人，才能收获最后的梦想。

小的时候，父母都教导我们，要好好学习，天天向上。这是非常正能量的话，我们从小接受的就是积极阳光的教育。这是值得庆幸的事。

然而，等我们长大以后，总会发现坎坷风波是人生的家常便饭，或许正因如此，我们才需要更加地好好学习，天天向上。只有这样，我们才能梦想成真。父母真是有先见之明。

我们很早就懂这样的道理——梦想是美好的，但实现梦想的道路总是曲折的。从古至今，没有哪一个人实现梦想的道路是一帆风顺的。恰恰相反，那些真正拥有梦想的人往往会遭遇更多的挫折，但是他们从来都不会轻易放弃。

有这样一个人，他在追逐梦想的道路上历经风波。

他是鞋匠的儿子，生活在社会最底层，从小忍受着贫困与饥饿的煎熬，以及富家子弟的奚落和嘲笑，但他是个有梦想的孩子。他很希望有朝一日能够通过个人努力摆脱贫困，成为一个受世人尊重的人。

因为地位低下，没有人愿意跟他玩，所以他大部分时间都把自己关在屋子里，大部分时间都在读书。那个时候，每天晚上父亲都会给他讲《一千零一夜》的故事，这是他一天中最期待的事情。也是在这个时候，他告诉父亲自己想要成为一名演员或作家。

11 岁那年，父亲突然去世，这让他的处境更加艰难。14 岁时，由于生活所迫，母亲要求他去裁缝铺当学徒，可是他不愿意。他哭泣着，把自己在书中读到的出身贫寒但却最终成就一番事业的名人故事讲给母亲听，希望母亲能够允许自己去哥本哈根，因为那里有著名的皇家剧院。

终于，他的坚持打动了母亲，14 岁的他准备独自离开家乡。由于家境贫寒，母亲无力为他的远行准备任何东西，心里很不是滋味，不禁泪水长流，而年纪小小的他反倒安慰母亲说："我不是两手空空啊，我是带着梦想远行，这是我最重要的行李！"

就这样，一个年仅 14 岁的孩子开始了自己的追梦之路。在哥本哈根，他依然无法摆脱别人的歧视，有人嘲笑他的脸像纸一样苍白，有人嘲笑他的眼睛像青豆一样小，甚至有人说他简直就是个小丑。终于，他在皇家剧院得到了一个扮演侏儒的机会，他的名字第一次被印在了节目单上，望着那些铅印的字母，他兴奋得夜不能寐。

但希望之后还是失望，他后来扮演的角色都是男仆、侍童、牧羊人等很不重要的角色，他感觉自己在演员这条路上成功的概率很小。在深思熟虑之后，他决定投身写作，成为一名作家。

他笔耕不辍，终于在两年之后出版了自己的第一本小说集。但是，由于他没有知名度，书根本卖不出去。这时候，人们的嘲笑又来了，别人称呼他为“对梦想执着但时运不济的鞋匠的儿子”。他当然感到很痛苦，甚至一度想到自杀。但是他不甘心，他想，“我虽然一无所有，但我还有梦想！”

终于，在他来到哥本哈根的第15年，在经历过一次又一次的失败之后，29岁的他，以小说《即兴诗人》一举成名。之后很快，他出版了一本装帧朴素的小册子《讲给孩子们的童话》，里面有4篇童话——《打火匣》《小克劳斯和大克劳斯》《豌豆上的公主》和《小意达的花儿》，奠定了他作为一名世界级童话作家的地位。

他，这个为梦想历经波折的人，就是丹麦著名作家安徒生。

谁会想到，一个两手空空来繁华都市寻梦的穷孩子，最终会得到人生如此丰硕的回报？不得不说，这一切都是因为他有梦想，而且无论面对多少失败，面对多少嘲讽，他都从来不肯放弃自己的梦想。

其实，谁在年轻的时候没有过梦想呢？只不过太多的人因为不相信自己可以实现梦想，最终放弃了梦想。而在这些不相信自己的人当中，绝大部分是因为别人嘲笑他，别人觉得他不可能实现自己的梦想，所以他便也觉得自己不能。实际上，人在梦想面前，唯一要做的就是相信自己，只有相信自己，未来才可以与众不同。至于别人的嘲笑，终有一天会变成他们对他们自己的嘲笑。

梦想是让生命澎湃的源泉，是一个必须时刻带在身上的神奇包裹。因为有梦想，人生才有无限可能。可是，梦想和坎坷就像是一对难兄难弟，从来都不会分开，只有那些能够迈过坎坷的人，才能收获最后的梦想。

要真正实现梦想，一定要做到有决心、有勇气、有行动。这三者缺一不可，其中，勇气和决心就像是追梦人的左膀右臂，决心代表着“想要去追梦”，勇气则意味着“敢于去追梦”，行动则代表着追梦的脚步。

我国明代文学家吕坤曾说过：“贫不足羞，可羞是贫而无志。”青春，是我们最宝贵的财富，而梦想，则是青春最迷人的色彩。趁着年轻，为梦想搏击吧！

8. 敢拼敢闯，人生才辉煌

年轻就是资本，年轻就是活力，年轻就是能量，趁着年轻，就要抓紧时间勇敢拼搏。因为年轻，我们激情四射，因为年轻，我们输得起。人生短暂，最好的青春岁月更是转瞬即逝，此时不搏，更待何时？

每当走在大街上，看着汹涌不绝的年轻人，他们时尚无限、光鲜照人，但是我总觉得缺少点什么。包括我本人，也是年轻人中的一员，我觉得自己也缺少点什么。

究竟缺少的是什么东西呢？我们究竟是哪里出了问题？

相比于父辈，我们这一代人的物质生活条件优越很多，文化层次也得到明显提升，但是有一点，我们的敢拼敢闯的精神似乎要比父辈差许多。毕业后走进社会，要么深陷迷茫，不断地跳槽，要么在一个平凡的岗位上得过且过。这是一个年轻人该有的状态吗？

年轻人就应该拿出一种敢拼敢闯的精神，不怕苦不怕累，不怕犯错更不怕失败，朝着自己的人生目标勇往直前，只有这样才能创造一个属于自己的精彩人生。下面这个故事里的年轻人就很值得我们学习。

叶旭林，虽然刚过而立之年，却经营着两家公司——意大利JCD实业集团有限公司、杭州金承达进出口有限公司，而且，被朋友们称作“股神”的他还在筹划一家金融投资公司。

从一个普通的农家男孩能做到这样的成就，靠的就是一种敢拼敢闯的精神。大学时期的叶旭林，斯文的外表下就藏着一颗不甘平庸的心。大学一入学，他就积极参加各种社团活动。大一时，他同时加入三个学生会部门；因为表现出色，大二就当上了院系的学生会副主席。在学生会工作期间，他良好的组织管理能力及交际能力也逐步显现出来。

大三的时候，不安分的叶旭林又办起了暑期文化补习班，专门针对初中生。为了解决师资问题，他在浙江大学、上海同济大学等著名高等院校论坛上发布招聘信息，并对满足条件的应聘者进行面试。同时，他还在自己的学校召集感兴趣的同学，在全省11个地市以乡镇为重点展开招生宣传。

这可以说是他人生中第一次创业，筹备时间3个月，实际培训时间 20 天，赚了近 10 万元钱。这第一桶金让他对未来更加充满了信心。

大学期间，叶旭林还承包过学校的电影院，做过一些明星歌友会的宣传工作。在校的社会活动经历，不仅让叶旭林获得了物质上的收益，还建立起了广泛的人脉关系。

大学毕业后，叶旭林凭借丰富的工作经验和敏捷的思维，很快就应聘进入了一家省级单位工作。在旁人看来，他的工作既安稳又有前途，可是叶旭林不甘心这样安稳一辈子。终于，他不顾家人的反对，毅然辞职下海，跟大学老师一起创办了外贸公司。这也意味着他正式开始了创业之路。

多年来，叶旭林一直有一个习惯，就是不断学习、提升自己。他每天都要浏览大量资讯，从华尔街日报、路透社财经资讯、英国金融时报再到国内的各种财经资讯网站，这是他毕业后一直养成的习惯，他说他看新闻不仅仅只是浏览，而是通过新闻寻找各种机会。

有一次，叶旭林在浏览文华财经时，看到了“俄罗斯发生大火”这则新闻。具有敏锐洞察力的他立刻察觉到，发生这么大火灾的俄罗斯肯定急需口罩等劳保用品，于是他立马组织货源，并与俄罗斯商家联系，果然，货一到俄罗斯就销售一空，供不应求。

如今的叶旭林，虽然已经比很多同龄人做得好很多，但他仍然不满足，继续招兵买马，准备干出一番更大的事业。

叶旭林年轻有为，令人羡慕，但在羡慕的同时，我们也要虚心地向他学习，特别是学习他这种敢闯敢干的精神。正如年迈的杨振宁曾对年轻人说，年轻人就要天不怕地不怕，要相信自己的直觉，选好自己的方向，然后坚持不懈地做下去。

年轻就是资本，年轻就是活力，年轻就是能量，趁着年轻，就要抓紧时间勇敢拼搏。因为年轻，我们激情四射，因为年轻，我们输得起。人生短暂，最好的青春岁月更是转瞬即逝，此时不搏，更待何时？

整天拿着手机躺在床上玩，有什么意义？

每天朝九晚五，然后吃饭、看电视、睡觉，算什么追求？

作为一个年轻人，是否可以活得更加骄傲一些？

没有挣扎

MEI YOU ZHENG ZHA << << <<<

就不叫

JIU BU JIAO SHENG HUO < <<

生活

第三章

现实越残酷，越要活出自己的天地

人生很多时候就是这样，看似已经无路可走，看似已经被这个残忍的世界抛弃，但只要再多一点坚持，就能够走进一个完全不同的世界。或许，这就是残酷的人生法则。

1. 虽然现实残酷，但梦想可以自由

人为什么活着？为梦想而活，就是最好的答案。梦想就像是一双隐形的翅膀，帮助我们飞出最初的小世界，飞向辽阔的未来。也许，现实的残酷让梦想暂时搁浅，但是，只要梦还在，一切都可以重新启程，一切的“定局”也都能够翻转。

人生虽然短暂，有梦就可以辉煌；世界虽然残酷，你依然有追梦的自由。美国著名作家杜鲁门·卡波特曾经说：“梦是心灵的思想，是我们的秘密真情。”实际上，自人类诞生以来，人人都怀揣梦想，都希望在这短暂的人生中实现心中最大的梦想。

一个人无论出身如何，是高贵还是卑微，都有追求梦想的自由。一个人只要还有一颗追梦的心，他的心灵就是自由的，他的思想就是活跃的，整个人也会呈现出绝佳的精神状态，在最大程度上开发出自身的潜力。

哈罗德·品特出身卑微，可是他却敢于自由地追求梦想。

哈罗德·品特出生在一个犹太裁缝的家庭。第二次世界大战后，品特进入伦敦的一所小学读书，在这里，他第一次接触到戏剧表演，并在学校的一次演出中成功地扮演了麦克白和罗密欧等角色。在这之后，他便确立了从事戏剧事业的梦想。

品特梦想成为萧伯纳那样优秀的剧作家，所以只要有空闲，他就努力地读书和练习剧本写作。他简直太投入了，以至于常常把自己弄得心醉神痴、走火入魔，但遗憾的是，很长时间之后，他的进步依然很小。

品特的母亲非常爱他，但是在看过他写的东西后，还是觉得这孩子写得太蹩脚了，根本没有文学创作的天赋。她对儿子说："孩子，写作这碗饭不是你能吃的，这个现实你必须得接受！"这无疑极大地伤害了品特的自尊心。

不过，品特的父亲虽然是一个裁缝，但却对孩子的梦想很是支持，他虽然也认为儿子写得很糟糕，但并没有打击他。

有一次，品特的父亲问他："孩子，你为什么喜欢写作？"品特说："我想成为萧伯纳那样的伟大剧作家！"

后来，品特靠着坚持不懈的努力，终于成为英国荒诞派戏剧的代表人物，后来还成了2005年的诺贝尔文学奖得主。

别人说我们不行，我们就真的不行吗？

在现实中，因为旁人的一句打击就放弃了心中的梦想的人，恐怕不是少数吧！

旁人的打击，身份的禁锢，接二连三的失败，诸如此种，都在考验着我们的梦想。必须承认，现实是残酷的，而越是地位和身份卑微的人，也必将面对更多的残酷。可是，尽管如此，我们还是要敢于去追求自己的梦想，因为只要实现梦想，才能改写自己卑微的命运。

常有人问，人为什么活着？为梦想而活，就是最好的答案。梦想就像是一双隐形的翅膀，帮助我们飞出最初的小世界，飞向辽阔的未来。也许，现实的残酷让梦想暂时搁浅，但是，只要梦还在，一切都可以重新启程，一切的“定局”也都能够翻转。

一个人要实现自己的梦想，最重要的是要具备以下两个条件：勇气和行动。

关于勇气，成名以后的莫扎特曾感慨地说：“机会是人人都需要的，但在面对机会的时候，关键要看一个人有没有足够的勇气去迎接它，没勇气的人就只能眼睁睁地看着机会从身边溜走！”没错，很多时候，勇气比才华更重要！因为不管一个人有多大的才华，如果他没有勇气及时抓住机会去展现自己，那他的才华永远都只能是一只“沉默的羔羊”。

关于行动的重要性，我们可以这样来理解，现实是此岸，梦想是彼岸，中间隔着湍急的河流，行动则是架在河上的桥梁。可见，梦想要自由地翱翔，绝对离不开行动的支撑。

追逐梦想，追寻自己的天地。很多人已经奔跑在追梦的路上，你准备启程了吗？

2. 你对自己“狠”一点，世界就会对你“好”一点

活鱼逆流而上，死鱼随波逐流。你愿意做活鱼，还是死鱼？要知道，鱼儿尚且能够做到逆水而游，我们为何不能在追梦的道路上迎难而上呢？

得过且过的日子也许比较舒服，但是，今天的舒服能换来一个怎样的明天?

世界很残酷，你对自己越温柔，它便对你越无情。

其实，失败和成功之间只隔着一扇门，我们要做的就是想方设法打开这扇门。但是，这扇门绝不是那么容易就能打开的，也不是人人都能打开的，除非我们能够对自己狠一点。遇到不喜欢做的事情不能任性逃避，遇到有难度的事情不能轻言放弃，这样我们才能成为那能够走进成功之门的幸运儿。

中国最佳商业领袖奖的第一位获得者，格力集团董事长董明珠，就是一个对自己够狠的人，正是靠着这股狠劲儿，她才能取得今天的成就。

董明珠最初到格力的时候，只是一个最普通的业务员，刚开始工作就面临一个非常棘手的问题——上个业务员留下一笔40多万的债务！很多同事说：“董明珠，这个事不是你造成的，你没必要去管！”但是董明珠并不这么认为，她说：“我既然接替了这个业务员的位子，我就有责任把债务追回来！”

于是，董明珠天天去找那个欠债人，见面就讨债，他走到哪里，董明珠就跟到哪里，就这样一直跟了他四十多天，到最后，那个人说：“你明天来把货拉走吧！”这一天，董明珠高兴地回去了。

可是第二天一来，那个人又不见了。董明珠很生气，就找到那家公司下面的员工，动之以情，晓之以理，希望对方在老板来公司后悄悄通知她一下，这些员工还真的被说服了。最终，董明珠也成功堵住了那个欠债人，把所有货物都拉回去了。在她把货物装好，启动车子的那一瞬间，就在心里对自己说："一辈子都不再跟这个人做生意!"同时，她也委屈地流下了眼泪，因为追债太难了。

事后，有人问董明珠，这又不是你个人的东西，你何必费这个劲儿呢？董明珠则严肃地说："做人要有做人的原则，我既然是这个公司的一员，就必须为我的企业负责任!"

这件事之后，董明珠在公司的地位和威信一下子提高了。公司请董明珠当部长，一开始董明珠有些犹豫，因为部长的工资远没有业务员多，但转而，她又同意了，为什么呢？董明珠说："个人再有能力，如果企业垮掉了，个人还能存在吗？"所以，为了企业的整体发展，她放弃高薪的业务员岗位，做起了低薪的部长的工作。

董明珠就是这样一个"狠角儿"，只要是为了公司的利益，就可以毫不含糊地牺牲自己的"舒服"。对于董明珠这样的做法，很多人都不太理解，觉得这纯属是跟自己较劲，完全没有必要。可是，"燕雀安知鸿鹄之志"，没有追求或者追求不够远大的他们，又怎么能够理解董明珠的"鸿鹄之志"呢？

梦想的实现，总是以一定的代价为前提的。而越是远大的梦想，越需要付出足够大的代价。这就要求我们不能"任性妄为"，而是要约束自己，做自己不想做但却应该做的事。

两个和尚走在江边，看到几只逆水而游的鱼，小和尚说："这些鱼真傻，逆水而游，多费力，多辛苦!"老和尚说："它们正在享受奋斗的快乐，你看见那几条死鱼了吗？只有死去的东西，才会随波逐流，享受这种安逸。”

活鱼逆流而上，死鱼随波逐流。你愿意做活鱼，还是死鱼？要知道，鱼儿尚且能够做到逆水而游，我们为何不能在追梦的道路上迎难而上呢？请记住，不管你努不努力，总有人在努力。等别人赶到你前面之时，等原本属于你的机会成为他人的囊中之物时，你再捶胸顿足，追悔莫及，就为时已晚了。今天对自己狠，是为了换取明天的成功。今天让自己过得不舒服，是为了明天让自己过得更舒服。

一个人对自己狠，从某种意义上说，这既是对自己的未来负责任，也是对自己的一种挑战，有句话说得好，你不逼自己一把，永远都不知道自己有多优秀。

3. 我们无法改变世界，但可以活好自己

与其花费宝贵的时间去改变世界，最后徒劳无功，还不如早一点认清现实，在既定的规则中活好自己。越早明白就越早摆脱残酷。如果不明白，就会永远在纠结和痛苦中生活。虚度人生，时间会给你制造悲剧；活好自己，全世界都会对你展露笑颜。

人生在世，难免会遇到一些不如意的事情，挫折失败、生老病死，或者是股市涨跌，如此等等。这个时候，很多人心中都会充满怨气，有种要改变这个世界的冲动。但是，冲动归冲动，作为渺小的个人，谁又能真的改变世界呢？短暂的抱怨之后，还是

应该让自己回归理性。

其实，要过自己想要的生活，不一定非要改变世界，只需要活好自己。

很久以前，人类都是赤脚行走的。有一次，一位国王到偏远的乡间考察，路上有很多碎石头，把他的脚硌得很疼，这让他非常生气，回到皇宫后，就下令将国内的所有的道路都铺上一层牛皮。他觉得这样做，不仅自己不再受苦，全国老百姓也都可以免受石头硌脚之苦了。

可是，虽然这个愿望是好的，但问题是到哪里去找那么多牛皮？就算把全国所有的牛都杀了，也筹措不到足够的皮革。除此之外，用牛皮铺路所需要花费的金钱、动用的人力，也都不是一个小数目。

虽然觉得不可行，可他是国王，面对国王的命令，谁敢说个“不”字呢？就在大家为此发愁的时候，一个聪明的大臣大胆地向皇帝谏言说：“国王啊！为什么您要劳师动众，牺牲那么多头牛，花费那么多金钱呢？您何不只用两小片牛皮包住您的脚，这样不就免受石头硌脚之苦了吗？”

国王一听，哈哈大笑，于是立刻收回命令，改用这位大臣的建议。据说，这就是“皮鞋”的由来。

这个故事告诉我们，要改变世界真的是难上加难，但要改变自己则容易得多。所以，与其改变世界，不如先改变自己。一旦我们改变了自己，我们所看到的世界也在无形之中焕然一新了。

那么，下一次，当你因为遭遇不公而郁闷时，你还会试图消除这个世界上的所有不公吗？事实上，这是一个很可笑的想法，因为这个世界本来就没有绝对的公平。

从某种意义上说，人生如打牌，而不是下棋。下棋是公平的，棋子一样多，棋盘共同用，起跑线一样，机会均等，输赢全在于谁的棋艺好。但是打牌就不同了，除了牌的数量一样，牌的好坏却是千差万别的。这意味着，有人天生就有一副好牌，成功近在咫尺，而有的人却握着一副烂牌，离成功还有十万八千里。不过，只要手中有牌，我们就还有赢的机会，前提是我们要改变心态，不能因为这副烂牌而不满，而是要集中精力打好这副烂牌。

39 岁这一年，罗斯福不幸患上了小儿麻痹症，医生残酷地宣布，他一生只能坐在轮椅上，可是，执拗的罗斯福并没有就此放弃，而是开始勇敢而顽强地抗击命运的打击。

于是，他努力让自己相信病情可以好转，但现实是，病情在不断恶化。从行走困难，很快发展到两条腿完全不听使唤，瘫痪的症状不断向上身蔓延。后来，他的脖子僵硬，双臂也失去了知觉。最后，他只能躺在床上，忍受浑身的疼痛。

疾病让他感到痛苦，但更大的痛苦来自精神，他从一个有着“光辉前程”的年轻力壮的硬汉子，一下子成了一个卧床不起、事事都需别人照料的残疾人，真是痛苦极了。但罗斯福就是罗斯福，虽然也曾感到绝望和无助，但最终还是选择了坚强，他不相信，不相信这样一种娃娃病可以撂倒一个男子汉。

很快，他开始微笑着面对生活，面对焦急的妻子、母亲和孩子，并在医生的嘱咐下，开始了艰难的康复训练。为了使两腿伸直，不得不打上石膏。他每天都好像在中世纪的酷刑架上一样，要把两腿关节处的楔子打进去一点，以使肌腱放松些。巨大的勇气必将创造奇迹，果然，他的病情很快就出现了奇迹般的好转——竟然可以坐起来了！

为了重新走路，他叫人在草坪上架起了两根横杠，一条高些，一条低些。每天，他接连几个小时不停地在这两条杠子中间挪动身体。

经过艰苦的锻炼，罗斯福的体力增强了。不仅重新回到了工作岗位，还在1924年成功当选为美国总统。

面对无法改变的现实，罗斯福选择了在这“灰暗的底色”上活好自己。他的眼前虽然是灰暗的，但因为相信自己，终于，他的人生是灿烂的。或者说，他本身就像是一朵绚烂的花，感动着我们，也感染着我们。

人生短暂，时间总是在不经意间就从我们的指间溜走了，所以，与其花费宝贵的时间去改变世界，最后徒劳无功，还不如早一点认清现实，在既定的规则中活好自己。越早明白就越早摆脱残酷。如果不明白，就会永远在纠结和痛苦中生活。虚度人生，时间会给你制造悲剧；活好自己，全世界都会对你展露笑颜。

4. 社会是个大染缸，请染成自己喜欢的颜色

到底是遵循所谓的“社会规则”成为一个虚伪的自己，还是鼓起勇气坚持做一个喜欢的自己，全在于个人的主观选择。所以，所谓“社会是个大染缸”绝不是我们没能坚持做自己的理

由，一切的理由都不过是借口罢了。

每个人在工作和生活中都要接触形形色色的人，也要经历各种各样的事情，而社会这个“大染缸”会让每个置身其中的人染成不同的颜色。不同的是，有的人“被染色”，做着自己不喜欢的事情，成为一个自己都不喜欢的自己；有的人则能够主动选择“染成”自己喜欢的颜色，坚持成为那个最想成为的自己。

著名主持人李咏，就是一个能够坚持做自己的人。

李咏第一次主持《幸运52》时，上台之后非常紧张，说话不自然，站立的姿势也很不自然，表情更是给人一种糟糕的感觉，结果，第一次主持大败而归。这一天晚上，李咏一个人在外面喝酒，一直到很晚才回家。

李咏一进家门，妻子哈文看到他萎靡不振的样子，走过去对他说：“李咏，无论你做什么，我希望你能坚持做自己，永远！”听到这句话，李咏一下子清醒了。他想起了当初谈恋爱时，家里每个月给他的生活费是100元，常常是半个月就花完了，然后他就直接对哈文说：“我的钱用完了，该用你的了！”他觉得要是换作别的女孩，早把他给甩了，可是哈文却说：“我就喜欢这样的你，希望你一辈子做自己！”

“一辈子做自己”，这句话让李咏浑身充满了力量。第二天，他去了台里，大家都奇怪地看着他，因为他精神奕奕，完全没有被昨天节目失败的阴影所笼罩。结果，在第二次录播中，李咏的状态非常好，那种“说大实话”的风格引来台下观众的阵阵喝彩。他成功了。

不过，那个时候，从观众到央视的内部，还是有部分人看不惯他这种主持风格，这让李咏也很纠结，有时候真的想要改变自己，成为一个大家喜欢的人。但每到这个时候，他就想起哈文那句话——做自己！在哈文这句话的激励下，他始终坚持做最喜欢的自己，最真实的自己。

后来，喜欢李咏的观众越来越多，李咏成了《幸运52》最宝贵的财富。甚至自从《幸运52》开播以来，他的服装款式和发型都没有变过，有人好奇地问："你为啥不变个样？"李咏回答说："这就是我——李咏！"

很显然，因为坚持做自己，李咏才得以成为今天的自己。如果当年李咏按照旁人的标准去改变自己，相信也就没有他今天的成就了。所以，无论如何，我们一定要坚持自己的个性，不管这个社会是什么颜色，我们一定要坚持把自己"染成"喜欢的颜色。

有位哲人说过："为什么我们就是命运的主人、灵魂的统帅呢？因为我们有控制自己思想的力量。"没错，面对这个纷繁复杂的世界，我们拥有做自己主人的权利。

当然，在我们坚持要做自己的过程中，难免会遭遇来自外部世界的很多压力，但越是这样，越不能轻易妥协，这就要求我们是发自内心的真正想要做自己，在这样一种强大力量的支撑下，才能够抵挡这些压力，最终成全自己。

英国演技派明星凯特·温斯莱特是一个坚持做自己的演员，只拍能打动自己的电影。在《泰坦尼克号》后，一条金光闪闪的好莱坞明星大路已经铺到她的脚下，可是，她却毅然选择了转身离去。有无法理解的人问为什么，她回答说："我真正想当的是一名演员，而不是所谓的超级明星！"

在后来的很多年里，她抛开《泰坦尼克号》带给自己的光环，宁愿忍受长时间的寂寞，也要精心挑选自己喜欢的剧本，即使自己的名气越来越小，也毫不在意。最终，这个坚持做自己的演员，用14年的时间，获得6个奥斯卡提名，并终于问鼎影后宝座。

凯特·温斯莱特的坚持令人敬佩，在一个几乎每个演员都想成为超级明星的时代，她却坚定地走在只做一名好演员的道路上。她的追求很专注，也很纯粹，无论世界充满了多少的诱惑，她只想成为最喜欢的自己。

其实，到底是遵循所谓的"社会规则"成为一个虚伪的自己，还是鼓起勇气坚持做一个喜欢的自己，全在于一个人的主观选择。所以，所谓"社会是个大染缸"绝不是我们没能坚持做自己的理由，一切的理由都不过是借口罢了。如果你真的想做自己，你就真的可以做到。我们最初的选择，总是在冥冥之中指引着我们前行的道路和人生的命运。

5. 别把自己看得太低，你在这世上独一无二

每个人都有自己不如人的地方，可能是外在的，比如家境、身材、相貌等，也可能是内在的，比如性格、能力，但因为这些我们就小看自己吗？

其实，每个人都有自己的长处和短处，完全没必要因为自己的一点不足而看低自己。一个人只有相信自己，才能冲出自卑的漩涡，做出一番事业。

有一个小男孩，由于家境贫寒，他总是觉得低人一等。在学校里走路，也总是低着头，看到那些调皮的学生，总是赶紧躲开。但尽管如此，他还是常常遭到这群人的嘲笑，可是自卑的他，连一点反击的勇气都没有。每一次被欺负后，他总是在心里问自己："我什么时候才能比别人强一点点呢？"

有一天，老师带着全班同学来到一家生产水果罐头的工厂，大家的任务是刷洗那些收回来的空罐头瓶子。老师宣布开展比赛，看谁刷洗瓶子最多。

听到要比赛，小男孩心里一阵激动，他从来没有得到过"第一"，那一刻他下定决心，一定要得到它。

他很快就学会了所有的刷瓶程序，刷得非常认真，一个接一个，一整天都没有停下来，一双小手被水泡得泛起一层白皮。结果，他刷了 108 个，真的得到了第一名。

在得知自己得到第一名时，他的内心别提有多高兴了。而这种美好的体验，一直留在他的心间。也是从这一天开始，他一下子明白了，无论什么事情，只要他肯干，就一定可以干好。他相信，只要自己肯付出，就一定可以成为独一无二的自己。

果然，后来靠着自己的努力，这个小男孩一路走得很顺利：1985 年，他从重庆大学计算机专业毕业；1988 年，他获得哈尔滨工业大学计算机专业硕士学位；1991 年，他获得哈尔滨工业大学计算机专业博士学位。此外，他还拥有多项重大发明，曾三次荣获部级科技进步二等奖。

而如今，他已经成为微软亚洲研究院的主任研究员，是一名非常优秀的科学家，他叫周明！周明说，他当年能够战胜自卑，能够一步步走向成功，全在于想清楚了一个问题——不要小看自己！

别人可以看低自己，但自己不能，如果连自己都瞧不起自己，人生还有翻牌的机会吗？

其实，很多人的自信都不是天生就有的，甚至有很多曾经深陷自卑的人，最后却取得了常人难以企及的伟大成就。新东方创始人俞敏洪就是最好的例子，单说他在北大读书期间，因为成绩差，家境差，甚至因为家乡口音，他就曾陷入深深的自卑，可就是曾经这样深深自卑过的一个人，最后却创立了新东方。

来读这样一个小故事：

有一个家境贫困的小女孩，从小的梦想就是成为一名丹青高手，用自己的双手绘出最美的图画。但不幸的是，在一次事故中，她却失去了双手。尽管如此，她并没有看低自己，她相信只要心中有梦，只要不放弃，就仍然有实现的希望。于是，她开始用脚练习绘画。她靠着对绘画执着的热爱，以及惊人的毅力，很快掌握了用脚绘画的技巧。

不过，要成为真正的艺术家，仅仅靠自己摸索还不够，一定要去正规的学校系统学习。于是她又开始攒学费，她每天徒步到离家几十里的一个旅游景点，出售各种彩线编出的小工艺品，每天可以赚取五六十元钱，她计划用两到三年时间攒足学费。有好心人赞助，她还固执地谢绝了。她相信，自己的人生自己可以主宰。

通过多年的努力，这个倔强的女孩终于走进了梦寐以求的学府。几年后，她成功举办了个人画展，很多优秀作品都引起了美术界的广泛赞誉。

故事里的小女孩，因为相信自己，终于走出了一条属于自己的人生大道。其实，有些事我们能不能做到，不是“能不能”的问题，而是“愿不愿”的问题，只要我们对想要做成的事情充满渴望，只要我们相信自己可以，就没有什么不可能。别人小看自己不要紧，重要的是自己相信自己。

当然，自信的人未必成功，但是，不自信的人却不可能成功。自信之于人生的重要性在于，每个人的身上都蕴藏着无穷的潜能，唯有自信才能将其开发出来。一个充满自信的人，不仅能够战胜外界的困难，更能够超越曾经和现在的自己。自信，天生就是要对“不可能”说“不”！你有这份胆魄吗？

想一想，别人瞧不起你时，你感觉如何？生气、郁闷吧？既然不能接受别人对我们的蔑视，又为何要看低自己呢，这不是让自己更难受吗？想要别人瞧得起自己，自己先要肯定自己，并付出艰辛的努力，让自己不断成长为一个更加有价值的人。

6. 做自己想做的事，爱自己想爱的人

人生一世，能够做自己想做的事，能够爱自己想爱的人，才是最重要的。也许不能大有所成，但一定会无悔此生。

人的一生是很短暂的，往往是在顾盼流连之间，就已经走到垂暮之年。而人生最美好的岁月——青春，更是转瞬即逝。所以，趁着年轻，就应该追随自己的内心，去做自己想做的事，去爱自己想爱的人。不然等到老去的那一天，等待我们的就只有懊悔了。

星巴克的老板舒尔茨曾经讲过这样一个故事，和大家分享一下：

有一次，舒尔茨去英国出差，在伦敦最繁华的地方，看见在很多名牌店的中间夹着一个非常小的店铺，而且是在卖最便宜的奶酪。于是，他非常好奇地走过去，看到一个胡子拉碴的老头在看店，他问："老先生，这里寸土寸金，您卖奶酪挣到的钱够付房租吗？"

老头笑了笑说："你先买10英镑的奶酪我再回答你。"于是舒尔茨买了10英镑的奶酪，静待老先生的回答。

老先生说："年轻人，你走出我的店铺看看外面，这街上所有你看得到的豪华店铺都是我们家的家产，而这些家产都是我们家靠世代卖奶酪挣下的！"

"为什么你们一直卖奶酪？"

"因为我们喜欢卖奶酪！"

一个"喜欢"，让这位老先生家里的几代人都以卖奶酪为生，即使是在拥有很多资产后，依然做着自己最喜欢的事情，不用说，这样的人生一定会没有遗憾。

要说自己喜欢的事，每个人都会有，只是面对不同的境遇，有的人能够勇敢地追随自己的内心，有的人却屈服于现实的种种，放弃了内心最真实的想法。其实，人生只有做自己才是快乐的，也才能真正发挥出自身的潜力。

国外流传着这样一个有趣的故事：

有两个少年在街头偶遇，都是一副愁眉不展的模样，于是聊了起来。其中一个说："最近家里总逼着我学钢琴，可我怎么都弹不好，郁闷得很！"另一个听完，诧异地说："钢琴有什么难的，我最喜欢弹钢琴了，可是我们家里老逼着我写诗，太烦人了！"结果，第一个少年从背包里拿出一沓稿纸，说："我就爱写诗，这些都送给你，拿回家交差！"

后来，这个不爱学钢琴专爱写诗的少年成了大诗人歌德，而那个不爱写诗却爱弹钢琴的少年，则成了大音乐家莫扎特。

故事很有趣，也揭示出一个很深刻的道理：人，一定要做自己最想做的事情。当然，话虽如此，要在现实中真正去做，也许并没那么容易。你喜欢的事情，可能你的父母不认可，也可能不符合社会的成功标准，但是，人生只有一辈子，我们能做的就是珍惜此生，并在有限的人生中坚持做最喜欢的自己。

有一位作家曾说过："我可以肯定，作家从内心深处感到写作是他经历过的最美好的事情，对作家来说，写作就是最好的生活方式。"是的，我们的人生就是一场旅程，在旅程中，收获丰富而美好的体验，这才是活着的目的。

做自己，最重要的是有勇气，抵挡住世俗的压力，甚至嘲讽。经典电影《三傻大闹宝莱坞》，就让我们看到了追随自己内心真实想法的力量。电影的男一号兰彻一向特立独行，完全追随自己的内心，质疑老师和校长的刻板教条。为了帮助朋友，也是花样百出。他甚至直接告诉自己的两个好友，不必追求成功，做到卓越，自然可以收获成功。正是在兰彻的鼓励下，他的一位好友最终鼓起勇气去做自己喜欢的事情，而不是遵照父亲的期待去做一名工程师，另一位好友则放下自卑，在求职时展露出真实的自己，结果，这个几乎所有人都认为找不到工作的差生却赢得了很好的机会。

人，追随自己的内心做出选择，并坚守自己的选择，这是对生命本质的把握，人只有认准了这个方向，才能把握住人生最重要的东西。

乔布斯说："你的人生有限，不要为别人而活，不要被教条限制，不要让任何外界的声音左右你内心的想法，勇敢追随自己的心灵和知觉才是最重要的！"所以，如果你正在坚持做自己喜欢的事，如果你还没有看到预期中的结果，请你千万不要放弃，天道酬勤，总有一天你会得到你想要的结果。

人生一世，能够做自己想做的事，能够爱自己想爱的人，才是最重要的。也许不能大有所成，但一定会无悔此生。当我们在垂暮之年与这个世界告别的时候，能够无悔，便是最大的值得。

7. 接纳不完美的自己，活出自己的天地

大胆地爱自己，接纳自己，让完整的自我充分表达出来吧！不要刻意掩饰内心的"缺陷"，把眼光更多地聚焦于自身的优势

上，你会发现自己很棒，世界也很美好。

每个人都是不完美的，身上都有自己不愿触碰的一面，也许是亲人朋友不愿意接受的，也许是连我们自己都无法面对的一面。于是，我们竭尽全力掩盖自己的不足，希望把自己伪装成一个人人都喜欢的完美的人。

可是，这样真的很累，不是吗?

既然人人都不是完美的，为何不接纳这个真实的自己？其实，人人都是矛盾的统一体，既有闪光的一面，也有灰暗的一面，只有无条件地接纳这个完整的自己，我们才能拥有完整的人生，真正的人生。

经常观看全美职业篮球联赛（NBA）的人都知道，黄蜂队有一位身高仅 1.6 米的运动员，他就是博格斯——NBA 最矮的球星。

即便是对普通的男人来说，仅有 1.6 米的身高也是一种缺憾。但是博格斯却接受了自己身材矮小这个无法改变的事实，毫不气馁，自信而努力地在“高人林立”的篮球场上竞技，并且成功跻身大名鼎鼎的 NBA 球星之列。

博格斯从小就喜欢打篮球，但因为身材矮小，在一起玩的伙伴们都瞧不起他。有一天，博格斯很伤心地回到家，问：“妈妈，难道我真的就不能再长高了吗?”妈妈鼓励他说：“孩子，只要你努力，你一定可以成为大球星!”妈妈的一句话，点燃了博格斯心中梦想的火花，也是在这一天，博格斯立志要让不完美的自己发挥出最大潜能。

后来，博格斯苦练球技，虽然身高不如其他队友，但却成为队里赢球最多的人，也因此成了球队的明星。不过，一支业余球队里的“明星”，根本不是他的篮球理想，他想要进入NBA。有人质疑他，1.6米的身高能打好职业篮球赛？但是博格斯心意已决，相信矮个子也能闯篮球的天下！

博格斯说：“别人说我矮，反而成了我的动力，我偏要证明矮个子也能做大事情。”

在威克·福莱斯特大学和华盛顿子弹队的赛场上，博格斯收走了从下方来的90%的球。他飞速地低运球过人，被大家称作“地滚虎”。后来，博格斯进入了夏洛特黄蜂队（当时名列NBA第三），在他的一份技术分析表上写着：投篮命中率50%，罚球命中率90%。

博格斯的身高虽然只有1.6米，但却能够扬名NBA，这不是靠运气，而是靠个人的努力和拼搏，是靠实力。博格斯能够接受自身的不完美，在篮球的“战场”上名留史册，那么你呢，能够在自己选择的天空里自由飞翔吗？

不要抱怨出身不好、相貌不佳，或者命运坎坷，很多取得卓越成就的人，比如霍金、贝多芬等，他们也有自己的不完美，甚至承受着常人难以承受的缺陷，可是他们能够接纳如此不完美的自己，能够坚强地面对残酷的命运，能够以超出常人的毅力做出常人只能望其项背的巨大成就。接纳自己的不完美是智慧的选择，反过来说，凡事苛求完美却显得滑稽可笑。

不知你是否读过这样一个小故事：

从前有一个人，养了250头牛，他对这个牛群的数目非常满意，每天都开心地把牛群赶到水草丰美的地方，精心放养。

有一天，草原上来了一只老虎，趁主人不备，吃掉了一头牛。这一天傍晚，当他清点数量时，发现少了一头，于是悲痛欲绝，无法接受这种现实。他心想，现在已经少了一头牛，剩下的再也凑不足250头整数了，留着还有什么意思，干脆都不要了。于是，他把剩下的牛群赶到悬崖边，全部推下崖底，摔死了。

这个故事出自《百喻经·杀群牛喻》。这是一则映射社会的寓言，其中揭示的道理很清楚，追求完美不仅没有必要，甚至显得有些可笑了。这个世界上从来不存在绝对的完美，你又何苦用完美的标准来折磨自己？

所以，大胆地爱自己，接纳自己，让完整的自我充分表达出来吧！不要刻意掩饰内心的“缺陷”，把眼光更多地聚焦于自身的优势上，你会发现自己很棒，世界也很美好。

8. 等你成功，世界就会对你温柔相待

一个女人，在能够征服她的男人面前，会表现出更多的温柔。同样的道理，只有那些足够强大，那些能够征服这个世界的人才能得到这个世界的温柔相待，这不是“潜规则”，这是正大光明的“显规则”。

“在没有成功之前，你就是一个无名小卒！没有人会在意你是谁，也没有人会在意你的尊严！”

有没有人对你说过这样的话？即使没人对你说过，相信你也应该听说过。没错，现实社会就是这么残酷，几乎人人都戴着有色眼镜看人。成功者，尽享荣耀与赞美，失败者，却受尽这世界的残忍对待。

毫无疑问，通常成功的路充满艰难，甚至也不缺乏艰险，但仍然有无数的人挣扎在这条道路上，甚至不惜付出惨痛的代价，归根结底，都是因为成功的诱惑太大，一个人只要获得成功，随之就会获得很多的“好处”——财富、地位、荣誉、赞美……总而言之，一个人只有跨过成功这道坎，他才能结束自己的残酷旅程，才能享受到这世界的温柔相待。

成功，意味着什么？就让俞敏洪的坎坷奋斗路来告诉你：

第一次参加高考，俞敏洪的英语只考了33分，毫无悬念地落榜。在复读班，因为成绩差，老师没有给过他一句鼓励，完全靠强大的自我鼓励坚持下去。第二次参加高考，英语考了55分，虽然进步不少，但仍然落榜了。

第三次高考，他是在一片质疑声中孤独地参加的，所幸的是，他考上了，还是一流学府北京大学。不过，他的命运并没有因此柳暗花明，“小地方”出身的他，各方面条件都很差，在大学期间遭尽白眼。

毕业留校任教后，俞敏洪对于教书育人的平淡生活很是知足，但他老婆却对他不满意，一声怒吼：“你不走出国门就别进家门！”让俞敏洪开始了为出国而奋斗。但遗憾的是，他连续3年遭遇美国拒签，当时他认为自己去美国的可能性为零。与此同时，因为没有任何一所学校愿意给他提供奖学金，他在经济上也面临难题。最终，他开始私下从事英语培训行业。

但是，因为私自成立英语培训班，他受到了北大最严厉的处分——全校广播通报批评，整整持续了3天。这无异于给俞敏洪下达了“逐客令”。而在北大“一炮走红”的俞敏洪，也是感到颜面尽失，再也待不下去了。最终，他做出了万般无奈的选择——辞职！

与其说是俞敏洪离开了北大，不如说是北大“踢走”了俞敏洪。对于当年的北大来说，俞敏洪不过是一个可有可无的普通教师，而对于当年的俞敏洪来说，北大却是他的安身立命之地。所以，在最初离开北大后，他已然是身败名裂、一无所有。前途，一片黑暗，背后，还有老婆凌厉的眼神，深陷绝望的俞敏洪，该何去何从？

他选择了在绝望中寻找希望。寒冬腊月，北风呼啸的深夜，他一个人拎着糨糊去贴小广告。就是靠着这样一种永不放弃的精神，他创办了属于自己的新东方，也最终取得了今天的成功。谈及成功秘诀，俞敏洪最喜欢说的一句话就是：“在绝望中寻找希望，人生终将辉煌！”

如今，俞敏洪的新东方教育集团已经在美国上市，成功之后的俞敏洪也获得了这个世界的温柔相待。他拿着手里的商务签证，可以随时出入美国；曾经“踢走”俞敏洪的北京大学，也邀请他回到母校做演讲；最重要的是，俞敏洪获得了无数年轻人的敬仰和钦佩，成了大家心中的励志偶像。

在成功之前，世界无情地扔给俞敏洪很多的残忍，但这并没有让俞敏洪倒下，他硬着头皮走过去，终于迎来了成功的曙光。

其实，人生很多时候就是这样，看似已经无路可走，看似已经被这个残忍的世界抛弃，但只要再多一点坚持，就能够走进一个完全不同的世界。或许，这就是残酷的人生法则，在最绝望艰难的时候，谁能够扛过去，谁才能拥有最后的曙光。成功从来都不是轻而易举的，因为成功总是属于能够经得起考验的少数人的。当然，客观地说，在那不见一线希望的绝境中，要坚持不懈地走下去，并不是一件容易的事情，这就需要你具备坚定的信念和强大的毅力了。

一个女人，在能够征服她的男人面前，会表现出更多的温柔。同样的道理，只有那些足够强大，那些能够征服这个世界的人才能得到这个世界的温柔相待，这不是"潜规则"，这是正大光明的"显规则"。想要征服世界，先学会这最重要的规则吧！

没有挣扎
MEI YOU ZHENG ZHA << << <<<
就不叫
JIU BU JIAO SHENG HUO < <<
生活

第四章

只要你有梦想和目标，你终会到达想去的地方

这个世界其实并没有那么复杂，只要你有梦想和目标，你终会到达想去的地方。如果没有梦想和目标，一生只能像驴子一样围绕着木桩打转，看似每天忙忙碌碌，但最终仍是原地踏步，看不见远方的风景。

1. 迷失的人生最残酷

人总是回头时，才能看清当初的自己。从这个意义上说，能够清醒地活着，能够为自己的梦想去奋斗，才是这个世界上最有意义的事情。相反，迷失在最好的青春岁月里却是最可怕和最悲哀的事情。

人生最重要的不是现在所站的位置，而是所朝的方向。因为即使你站在不错的位置上，但如果没有明确的方向，人生依然是迷茫的，而迷茫的人生必然充斥着各种纠结与痛苦。

都说人生很残酷，但这“残酷”的真正含义是什么呢？是因为人生道路上的各种挫折、失败，人生才显得残酷吗？在我看来，这些虽然是人生残酷的一部分，但人生最大的残酷是迷失，是自己不知道自己最想要的是什么，甚至因此走上一条错误的道路。

有一个美丽而著名的花园，在那里，一年四季都有来自世界各地的游客慕名而至。因为得益于花园主人的精心照料，这里盛开着很多美丽的花儿，有玫瑰花、大丽花、郁金香等等。各种花儿争芳斗艳，释放出醉人的魅力。

其中，在花园道路的两旁种着很多穗花，但是穗花感到很委屈，因为每次游客到花园来拍照，都凑拥在那些漂亮的花朵旁，从来没有人跟它们合影。有一天，一朵穗花说："你们看，玫瑰花那边又有好多人在拍照呢，为什么就没有人来关心一下我们呢？我们真是没有价值的花啊！"

另一朵穗花附和说："就是就是，我也这样觉得，不管我们怎么使劲抬头摇摆腰肢，都没有人来给我们拍照。真是委屈极了！"

说到这里，很多穗花都委屈地哭了起来。而这时，有一朵穗花说："我有办法！"穗花们赶紧问："什么办法？"这朵穗花说："我们请苍蝇们来帮忙，让他们去花园里其他花朵上面产卵，然后以花蜜作为报酬。"于是，它们找来很多苍蝇，谈妥了这项交易。

紧接着，苍蝇成群地飞到花园里在漂亮的花朵上面产卵。时间才过去7天，苍蝇蛋就孵化成了蛆虫。那些蛆虫饥饿地啃吃花朵然后迅速长大。园里曾经美丽的花朵变成了残花败叶，甚至枯萎而死。因为这样，园里就再也没有游客来游玩了。花园主人因此失去了收入，最后不得不辞退花匠，关闭了花园。

从此，再也没有游客来到这座花园，没有了对手的穗花，同样还是没有得到游客的注目。此时，那些穗花才明白：迷失自己真的很可怕！

穗花因为迷失了自己，结果不仅导致了整个花园的关闭，同时也害了自己。可见，迷失自己有多么可怕。

人生也是如此，人一旦迷失了自己，常常会走上一条错误的道路。如此一来，常常要付出惨痛的代价，这正是人生最残酷的地方。现实生活中也有很多人，他们不是走在自己的道路上，而是走在跟别人比较的道路上；他们不是走在自己的节奏上，而是走在追赶和超越别人的节奏上，因此，当这种比较不能令人满意时，就很容易自乱阵脚。其实，他们早已经迷失了自己，不知道自己想要的是什么，不知道自己最想走和最应该走的路是哪一条。而在迷失的道路上走得越远，付出的代价也就越沉重。

人生经不起太多的迷失和错误，所以，每一个头脑清醒的人，都应该根据自己的喜好和条件，给自己确立一个目标和方向，然后跟着自己的节奏一步步靠近成功，而不是盲目地去和别人作比较。其实，胜过别人又如何，能够不断地超越自己才是真本事。而当你成为一个足够优秀的自己，自然也就已经超越了很多人。

人生有了方向，就像黑夜有了灯塔，再多的风雨也不能阻挡我们前行的脚步。拿破仑·希尔在一本书中写道："一切成就的起点是渴望。"一个人取得成功的前提是他知道自己想要什么。的确，人只有知道自己要去哪里，同时为抵达这一目标坚持不懈地努力，才会有真正到达的那一天。

人总是在回头时，才能看清当初的自己。从这个意义上说，能够清醒地活着，能够为自己的梦想去奋斗，才是这个世界上最有意义的事情。相反，迷失在最好的青春岁月里却是最可怕和最悲哀的事情。可以说，一个人只有在今天看清自己，才能在多年后蓦然回首时，收获最想成为的自己，不后悔，不遗憾。

无论今天你面对的困难有多大，只要你想冲过去，你总能够显出比平时更多的智慧和力气。很多时候的“我不能”，归根结底还是“我不想”。

2. 如果你知道自己想去哪儿，全世界都会给你让路

追梦的路不怕远，如果你知道去哪，再远的路也能抵达。追梦的路也不怕艰难，如果你锁定目标，一切的拦路虎都会让开。这个世界其实并没有那么复杂，只要你有梦想和目标，你终会到达想去的地方。

“请你告诉我，我该走哪条路?”爱丽丝说。

“那要看你想去哪里?”猫说。

“去哪儿无所谓。”爱丽丝说。

“那么走哪条路也就无所谓了。”猫说。

这段对话来自《爱丽丝漫游奇境记》，强调了目标的重要性。的确，人生必须有一个明确的方向，因为方向明确了，才知道要往哪里去，才知道要做哪些准备以及付出怎样的努力。

方向，也就是目标，对人生有着非常重要的意义。下面这个案例是最好的说明。

比塞尔是西撒哈拉沙漠中的一个小村庄，靠近一块1.5平方公里的一个绿洲，可是，这个村庄里的人没有一个走出过沙漠。

肯·莱文作为英国皇家学院的院士，他不相信这种说法，于是来到了比塞尔，他用手语询问这里的人，结果这里的人回答都

是一样："从村庄出发，无论朝那个方向走，最后还是要转回到这里。"

为了证实这一说法的真伪，肯·莱文做了一次实验，从村庄出发，一直向北，结果三天半后就出来了。

那么，比塞尔人为什么走不出来呢？肯·莱文决定找一个比塞尔人做实验，这个比塞尔人带了半个月的水，牵上两匹骆驼出发了，肯·莱文则收起指南针，跟在这个比塞尔人的后面，并在走过的路上做好标记。

10 天过去了，他们走了数百里的路程，第 11 天的早晨，他们果然又回到了比塞尔。

这一次肯·莱文终于明白了，比塞尔人之所以走不出沙漠，是因为他们根本不认识北斗星。在一望无际的沙漠中，一个人如果只是凭着感觉走，就会走出很多大大小小的圆圈，最后形成的足迹就好像一把松弛的卷尺。

比塞尔村处在浩瀚的沙漠中间，周围没有一点参照物，若不认识北斗星或没有指南针，想走出沙漠，确实是不可能的。所以，肯·莱文在离开时告诉一位叫阿尔古特的年轻人，也就是上次跟他一起走沙漠的年轻人，只要白天休息，晚上朝着那颗最亮的星星走，就能走出沙漠，结果，这个年轻人真的走出了沙漠。

现在的比塞尔已经是西撒哈拉沙漠中的一颗明珠，每年有无数的游客来到这里度假。而第一个走出沙漠的阿尔古特则被视作比塞尔的开拓者，他的铜像被竖在小城中央。铜像的底座上刻着一行字：新生活是从选定方向开始的。

由此可见，人生拥有明确、恒定的方向是多么重要。而没有方向只有感觉的人，说到底还是一个迷惘者，不断地寻找，不断地落空。

著名企业家王石说过，人生最大的恐惧就是没有方向。有一次他开车远行，迷失在戈壁滩，就感受到一种从未有过的恐惧。的确，人生没有钱不可怕，失败也不可怕，最可怕的是不知道要去哪里。一个人没有目标，哪个方向都是错的，而一旦确立目标，就找到属于自己的人生方向。

美国耶鲁大学曾经做过一项非常著名的调查，就是关于目标对人生的影响。在这项调查中，耶鲁大学选择了一群智力、学历和环境等条件都非常相似的年轻人作为调查对象，历经25年后惊讶地发现：

比例	25年前生活状态	25年后的生活状态
27%	没有目标	生活在社会最底层，温饱都是问题
60%	目标模糊	生活在社会中下层，过着安稳但平庸的日子
10%	有清晰但较短期的目标	生活在社会中上层，都有不错的成就
3%	有清晰且长期的目标	几乎都成了各领域的顶尖人士

一个清晰且长期的目标对于人生的成败竟然有如此巨大的作用！这项调查的结果，值得我们每个人铭记在心！同时，扪心自问，你是这些人中的哪一类人？未来你想成为哪一类人？那么现在你又该做些什么呢？记住，过去的你决定了现在的你，而明天的你要靠现在的你去决定。

追梦的路不怕远，如果你知道去哪，再远的路也能抵达。追梦的路也不怕艰难，如果你锁定目标，一切的拦路虎都会让开。这个世界其实并没有那么复杂，只要你有梦想和目标，你终会到达想去的地方。如果没有梦想和目标，一生只能像驴子一样围绕着木桩打转，看似每天忙忙碌碌，但最终仍是原地踏步，看不见远方的风景。

人生最大的悲剧不是失败，而是当人生接近尾声时却突然发现，自己执着追求一生的东西却不是自己最想要的，甚至自己从来没有为自己最想实现的目标努力过。所以，尽早给自己的人生确定一个目标，并为之全力以赴，才能不悔此生。

3. 世界上最愚蠢的事情就是自己骗自己

“掩耳盗铃”的人是捂上耳朵盗取铃铛，而我们，却是蒙蔽自己的心盗取时光，盗取最宝贵的青春时光。但奇怪的是，对偷盗东西的小偷，我们都是极其厌恶的，可对于偷盗自己时光的“我”，却视而不见，一再宽纵。

“掩耳盗铃”很可笑吗？

“当然！”这是每个人都会给出的答案，并且毫不迟疑，因为我们作为局外人，清楚地看到了此人的愚蠢。可是，现实生活之中，有多少人能看到自己身上的愚蠢？

其实，我们很多时候都在欺骗自己。比如感情上，爱上一个不爱自己的人，明知得不到，却固执地不肯放手；比如工作上，明明是做着一份自己不喜欢的工作，却一再告诉自己，不会后悔。真的不会后悔吗？还有一些人，明明有自己的理想和追求，却遵照家人的“旨意”度过很多年。

我们欺骗自己，不过是不想直面现实罢了。但现实就在那里，无论你接受还是不接受，它都在那里。

阿曼是一个 80 后姑娘，大学毕业后，听从父母的建议，进入了金融行业。在这期间，她做过投资，卖过保险，收入还算丰厚，可是她总是觉得不快乐，觉得这不是自己理想中的生活。

时间久了，她越发觉得痛苦，所以萌生了辞职的想法。可是，每当她把这个想法说出来时，得到的是一致的反对，包括父母和朋友，都对她说：“那么有钱途的工作，傻瓜才会换!”经大家这么一说，她原本鼓起的勇气也就偃旗息鼓了。她想，虽然这份工作自己不是那么喜欢，但物质上的回报还是不错，这样的人生也算成功了。于是，她又继续在这条道路上前行。

一转眼，8 年过去了，在这 8 年的时间里，她见过很多的人，经历了很多的事，也看着身边很多人从草根走上了成功的道路。冥冥之中，她觉得自己的职业生涯出现了问题，她害怕自己继续在错误的道路上越走越远。于是，她找到一名职业规划师，请他给自己做一次职业规划。

在这次规划中，规划师和阿曼进行长时间的深度交谈，还进行了一系列的性格和职业测评。最终，规划师建议她转行到心理咨询行业。听到这个结果，阿曼也是满心欢喜，因为她从内心里喜欢这个行业。恰在此时，她得知一家专注于子女教育咨询的机构正在招收学员，觉得这是一个很好的机会，于是，在征得老公的同意后，辞掉了银行的工作。

如今，她已成为一名小有名气的心理咨询师。她清晰地知道，这是她一生要为之奋斗的方向。

在这个故事里，阿曼明明不喜欢金融这条道路，却竟然在这条道路上走过了长达 8 年的时光。很显然，那是一段自我欺骗的时光，明知不喜欢，却又没有勇气直面现实。人生有几个 8 年？所幸的是，她在 8 年之后终于下定决心，跳出了自我欺骗的怪圈，得以走上了自己喜欢的人生道路。如果没有这一次的勇敢，等到白发苍苍时再来认清现实，恐怕等待她的就只有无尽的懊悔了。

有些事，年轻时不去做，就真的没有机会了。人生短暂，无法重新来过，每个人都应该追随自己的内心，走自己最想走的路，而不是囿于各种压力，被困在自我欺骗的怪圈中。

在古希腊流传着这样一句话："当你对自己诚实时，天底下就没有人能够欺骗你。"这句话告诉我们，能欺骗自己的只有自己，反过来，能够将自己从自我欺骗中拯救出来的也只有自己。

"掩耳盗铃"的人是捂上耳朵盗取铃铛，而我们，却是蒙蔽自己的心盗取时光，盗取最宝贵的青春时光。但奇怪的是，对偷盗东西的小偷，我们都是极其厌恶的，可对于偷盗自己时光的"我"，却视而不见，一再宽纵。要知道，时光是远比金钱更宝贵的财富，这样的愚蠢迟早会把自己推向懊悔的深渊。

4. 无论别人如何点赞，我们都要知道自己有几斤几两

一个人赞美你，可能是真心实意，也可能是畏惧你，或者因为有求于你而讨好你。在这种情况下，如果一个人不自知，就会

以假当真、飘飘然了。所以，当我们受到旁人的赞美时一定要保持头脑清醒，不要迷失了自己。

哲学家蒙田说过，世界上最重要的事就是“认识自我”。“认识你自己!”这句话，也是铭刻在希腊圣城德尔斐神殿上的著名箴言，希腊和后来的哲学家都喜欢用这句话来规劝世人，告诉我们要有自知之明，绝不可因为别人的几句赞美就迷失了自我。

还记得“邹忌比美”的故事吗?

齐威王的相国邹忌，长得相貌堂堂，身高8尺，体格魁梧，十分漂亮。与邹忌同住一城的徐公也长得一表人才，是齐国有名的美男子。

有一天早晨，邹忌起床后，穿好衣服，戴好帽子，然后就走到镜子前端详着自己的装束和相貌。他觉得自己的确长得很美，于是问妻子：“你看，我跟城北的徐公比，谁更美?”他的妻子走过去，一边帮他整理衣襟，一边回答说：“您长得多美啊，徐公怎么能和您比呢?”

听完妻子的话，邹忌虽然高兴，但还是不大相信，因为城北的徐公是大家公认的美男子。所以，他又问他的妾：“我和城北的徐公比，谁更美呢?”妾连忙说：“大人您比徐先生美多了，他哪能和大人相比呢?”

第二日，家里来一位客人，在聊天中，邹忌突然想起比美的事情，于是问客人：“依您看，我和城北的徐公相比，谁更美?”客人毫不犹豫地说：“徐先生比不上您，您比他美多了。”

接连问了三个人，大家都一致认为邹忌比徐公更美，但是，邹忌是一个很有头脑的人，并没有因此沾沾自喜，真的就认为自己比徐公美。

后来有一天，城北的徐公到邹忌家登门拜访，邹忌在看到徐公的第一眼，就被徐公气宇轩昂、光彩照人的形象给怔住了。两人在交谈的时候，邹忌不停地打量着徐公，还不时看看镜子里的自己，结果，他发现自己长得的确没有徐公美。

这一晚，邹忌辗转难眠，他在想，既然自己长得不如徐公，为何妻子、妾和客人都说自己更美？后来他终于明白了，他们都是在恭维和赞美自己啊！

显然，邹忌是一个很有自知之明的人，面对旁人的一再"点赞"，他并没有迷失自己，高估自己，而是能够客观地认识和评价自己。

"自知之明"的说法，最早出自《老子》："知人者智，自知者明。"常言道"人贵有自知之明"，这里把人的自知称之为"贵"，可见人是多么不容易自知；又把自知称之为"明"，又可见自知是一个人智慧的体现。

在这样一个人心浮躁、追名逐利的时代，能够做到自知也确实不是一件易事。曾有人问希腊哲学家泰勒斯，什么是最困难的事情，泰勒斯说："认识你自己！"对方接着又问："什么是最容易的事情？"泰勒斯说："给别人提建议！"显然，泰勒斯是在讥讽世人，有自知之明者甚少，好为人师者却比比皆是。

《太平广记》中记载：一监察御史文笔不好，却爱好写文章，人家奉承他两句，他就拿出钱财请客。一日，夫人劝他说："你并不擅长文笔，一定是那些同事在拿你寻开心。"这位老兄一听，觉得很有道理，此后不管别人怎么说，再也不肯出钱请客了。

人人都喜欢被赞美，因为被赞美的感觉是美妙的，但是，并不是所有的赞美都符合客观实际，一个人赞美你，可能是真心实意，也可能是畏惧你，或者因为有求于你而讨好你。在这种情况下，如果一个人不自知，就会以假当真、飘飘然了。所以，当我们受到旁人的赞美时一定要保持头脑清醒，不要迷失了自己。

其实，人生如秤，低估自己会导致自卑，高估自己则会导致自大，我们应该做的是恰如其分、客观地认识和评价自己，从而做到不卑不亢，谦虚有礼的为人处世。

5. 将军赶路，不追小兔——别因途中诱惑忘了目的地

少年时代，窗外的戏耍就是一只兔子，你如果去追赶就会荒废学业；青年时代，贪图享乐就是一只兔子，你若追赶就会虚度青春；而中年时代，灯红酒绿也是一只兔子，你若追赶就会走向堕落。

人们常说：“将军赶路，不追小兔。”这句话的意思就是说，在奋力追求大目标的路途中，我们应该心无旁骛，坚决拒绝各种诱惑和琐事的干扰。只有这样，我们才能以最快的速度抵达最终的目的地。

其实，这是告诫我们做事要专注。正如曾国藩所说：“你不盯住一个老师，就学不来真东西，你交友太滥，就不会有知己。”而不够专注的人，常常是奔忙一场却一无所获。就像下面故事里的楚怀王。

楚王喜欢打猎，这一天，又带着随从去打猎。抵达山林后，他先让官吏把飞禽走兽都赶来，当飞禽出现时，楚王就弯弓搭箭准备去射。可就在这时，左边突然窜出几只麋鹿，于是他又改变主意，要去射麋鹿。可就在要发箭时，一只美丽的白天鹅在头顶飞过。结果，楚王眼花缭乱，不知道到底该射谁了。

不一会儿的工夫，等他定下神来要射箭时，发现一只动物也没有了。这一天，楚王两手空空回宫了。

一个人如果不能专注于自己的目标，被各种诱惑扰乱了心智，那必将一无所获。

目标之于人生，无疑是非常重要的。人生，有什么样的目标，就有什么样的未来。也可以说，你今天处在什么位置上不要紧，重要的是未来你打算走向哪里。绝大多数人之所以平庸一生，正是因为目标不明确，或者没有目标。目标就像是人生路上的指明灯，指引着我们勇往直前。而我们一旦确立了自己的目标，就应该专注于目标。

有句话说得很好，能够到达金字塔顶端的动物只有两种，一种是苍鹰，一种是蜗牛。苍鹰之所以能够到达，是因为它们拥有傲人的翅膀，而行动迟缓的蜗牛能够爬上去，则完全是因为它认准目标，并且心无旁骛地沿着这个方向一直努力。

专注是一种强大的力量，直接关系着一个人能否获得成功。

有一个俱乐部正在举行围棋比赛，一位教练被观众中一个小孩给吸引了，这个小孩在棋盘旁站了一上午，动也不动，注意力高度集中，看来是入迷了。

让这个教练没想到的是，第二天，这个小孩又来了，还是那么专心致志地看了一上午。教练觉得，一个小孩能做到这样的专注，实在是难得，觉得他是一个下围棋的好苗子。于是，年仅6岁的上海儿童常昊被吸收进了围棋队。

3年后，常昊获全国“棋童杯”赛冠军。后来还曾在让四子的情况下，战胜过日本棋圣。常昊之所以有这样的成就，一个最重要的原因就在于他高度专注。

至于专注的力量到底有多强大，从来没有真正专注过的人恐怕无从体会。所谓专注，不仅是指短时间的集中精力、专心致志，更是一种“把每件事情做到最好”的精神境界。

一个专注的人，能够把时间和精力集中到最重要的事情上，并在最大程度上发挥自身的积极性和创造性，努力实现人生的目标。特别是在遇到诱惑或者挫折时，能够做到不为所动，直奔目标。相反，如果一个人立下目标后又不断去关注别的东西，是决不会有所收获的，因为“欲多则心散，心散则志衰，志衰则思不达也”。

我们都是自己人生的“将军”，应该朝着自己的目标一路前行，对于这一路上将会遇到的各种“兔子”，要做到坚决拒绝。少年时代，窗外的戏耍就是一只兔子，你如果去追赶就会荒废学业；青年时代，贪图享乐就是一只兔子，你若追赶就会虚度青春；而中年时代，灯红酒绿也是一只兔子，你若追赶就会走向堕落。

6. 在“做自己”和“取悦他人”之间找到平衡

纯粹为了取悦别人而活，终将走向失败。相反，人只有先取悦自己，做最好的自己，然后才能在一定程度上取悦一些人。也

就是说，取悦别人应该是一个在做好自己之后“顺其自然”产生的结果，而不是刻意为之。

挪威大剧作家易卜生有句名言，他说：“人的第一天职是什么？答案其实很简单：做自己。”没错，做人首先就要做自己，做最真的自己，在最美的年华里绽放最灿烂的笑容，成为最想成为的自己。不过，生活中总有一些人，对旁人的看法很是在意，甚至完全以别人的评价来衡量自己，花费很多时间和精力去成为别人期待中的自己，说到底，这样的人生是取悦别人的人生。

毫无疑问，时时处处想着取悦别人，自然是很累的。但这还不是最重要的，一味地取悦别人终将让我们失去自我，这才是最可怕的。

有一个诗人，写了很多的诗，但是他很苦恼，因为他还有很多的诗没有发表，也无人欣赏。诗人有一个朋友，是一位禅师。有一天，诗人就向这位禅师诉说自己的苦恼。禅师听后笑了，他指着窗外一棵茂盛的植物说：“你看，那是什么花？”

诗人看了一眼，说：“是夜来香啊！”

禅师继续说：“对，这夜来香只在夜晚开放，所以得名夜来香，那你知道为什么它不在白天开放，而在夜晚开放吗？”

诗人看了看禅师，摇了摇头。

禅师说：“夜晚开花，并无人注意，它开花，只为了取悦自己！”

听到这里，诗人大吃一惊：“取悦自己？”

“没错，白天开放的花都是为了引人注目，得到他人的赞赏，而这夜来香，在没有人欣赏的情况下依然开放，只是为了让自己快乐！”禅师继续说道。

这次，诗人终于明白了，他说：“我懂了，一个人，不是活给别人看的，是为自己而活。”

禅师笑着点了点头，又说：“一个人，只有取悦自己，才能不放弃自己；只有取悦了自己，也就提升了自己；只有取悦了自己，才能影响他人。要知道，夜来香夜晚开放，可我们许多人，却都是枕着它的芳香入梦的啊！”

一棵植物尚且如此，难道一个人还不如一棵植物？很多人在做事情时，心里想的都是如何获得别人的认可和赞美，仿佛只有这样才能找到自己存在的价值。但其实，生命的每一天，我们都应该为自己而活，撇开旁人的目光，勇敢坚定地做最真实的自己。

关于取悦别人和做自己，著名演员宋丹丹有深刻体会。

杨澜采访宋丹丹，宋丹丹素颜出镜。宋丹丹说，她目前的状况是不取悦他人。她说：“过去，我总是想方设法地让自己符合男人的标准，‘我够好吧？’是我的口头禅，但即便这样，我还是常常被轻视。”

如今，她选择了不去迎合别人，而是做真实的自己，她喜欢说：“这就是我！”但却得到了从未有过的尊重。

宋丹丹的经历告诉我们，纯粹为了取悦别人而活，终将走向失败。相反，人只有先取悦自己，做最好的自己，然后才能在一定程度上取悦一些人。也就是说，取悦别人应该是一个在做好自己之后“顺其自然”产生的结果，而不是刻意为之。必须承认，有些时候，取悦别人是必要的，比如让父母欣慰，但绝不能因此一味按照父母的意愿行事，那样我们只会迷失自己，正确的做法就是通过成为最好的自己，同时让父母以自己为荣。

春去秋来，花开花谢，短暂人生，转瞬即逝，每个人都应该为自己而成长和绽放。无论是关于成功还是幸福，不同的人有不同的标准，我们要做的就是追随自己的内心，创造美好的一生。

对任何人来说，最了解自己的人都是自己，既然如此，就要相信自己对于自己的判断远甚于别人对自己的评价。《圣经》上有言："一个人得到了整个世界，却失去了自我，又有何益?"的确，活出真正的自己才是人生的意义。所以，无论别人期待你成为谁，无论这个社会倡导怎样一种成功，我们都应该坚定地做自己。

7. 学会选择，懂得放弃

选择正确的路，人生迟早会到达目的地。与此同时，学会放弃也是一门生活的智慧，也是一门心灵的学问。人生在世，该放弃就放弃，人只有在一定程度上清空自己，才能抓住真正属于自己的幸福和快乐。

人的一生，难免会遇到一些不如意的事情，情感的失败、工作的不顺，甚至遭遇天灾人祸，如此等等。这个时候，我们又该如何去对待和处理呢？闷闷不乐，深陷痛苦之中吗？有位哲人说过，带给我们痛苦的不是问题本身，而是我们看待问题的方法。的确，面对同样的遭遇，人的想法不同，感受也会截然不同。

人生，要学会选择，懂得放弃。放弃的前提是做出正确的选择，放弃应该放弃的，坚持应该坚持的。所以，放弃既是一种勇气，更是一种智慧。

很久以前，有一个年轻人，生活的沉重压力让他感到越来越不堪重负，于是去请教智者。在听完年轻人的诉说后，智者将他带到一条铺满了五彩石的小路上，同时交给他一个背篓。智者对年轻人说："顺着这条小路一直走下去，并把你喜欢的石头装进背篓里。"

年轻人遵照智者的吩咐，上路了。这一路上，红色的，他感觉热力奔放；白色的，他认为晶莹剔透；黑色的，他觉得庄重严肃，所以把这些颜色的石头都装进了背篓里。可是，背篓里的石头越来越多，肩膀感到越来越沉，终于不堪重负，跌倒在地。

此时，智者又说："现在，把你最喜欢的石头留下，其余的都扔掉，继续前行。"这样一来，他顿时感到轻松无比，很快就走到了小路的尽头。

五彩斑斓的石头，就好像是人生的种种欲望，如果什么都想要抓在手里，只会让自己不堪重负。这就告诉我们，人生必须学会选择和放弃，才能轻松前行，也才能抵达目的地。

我们应该放弃的，不只是一些不应有的欲望，还有一些不必要的伤痛。

有这样一则寓言：

一个夏天的傍晚，有一个美丽的少妇投河自尽，被正在河中划船的白胡子艄公救起。

艄公问："你年纪轻轻，为何寻短见？"

这个少妇回答说："我刚结婚两年，丈夫就遗弃了我，接着孩子又病死了。您说，我活着还有什么乐趣？"一边说着，少妇还哭了起来。

“两年前你是怎么过的?”艄公又问。

少妇突然眼前一亮，说:“那时我自由自在，无忧无虑……”

“那时你有丈夫和孩子吗?”

“没有。”

“那么，你不过是被命运之船送回到了两年前。现在你又自由自在、无忧无虑了，请上岸吧。”

话音刚落，艄公则不知去向。少妇恍如做了一个梦，她揉了揉眼睛，想了想，离岸走了。在这之后，她再没有寻过短见。

这个寓言故事说明了什么？面对人生的一些悲惨遭遇，死死地揪住不放，又有何意义呢？只不过是让自己痛苦罢了！人生路，向前看，因为过去的失败而折磨现在和未来的自己，这实在不是一个聪明的选择。

一个成熟的人，应该做自己人生的主人，知道什么东西应该握在手里，什么东西应该选择放手。当我们在追求理想的道路上遭遇挫折时，不妨转换角度看人生，要知道，比海更宽的是天空，比天空更大的是人的心灵。心灵的旷野没有樊篱，能够承受更多超出你想象的失败和打击。

很多时候，人很善良但又很奇怪，把宽容给了陌生人，把爱给了家人和朋友，却唯独以严苛来对待自己，对于一些早已经应该放弃的东西念念不忘。选择正确的路，人生迟早会到达目的地。与此同时，学会放弃也是一门生活的智慧，也是一门心灵的学问。人生在世，该放弃就放弃，人只有在一定程度上清空自己，才能抓住真正属于自己的幸福和快乐。十全十美是不存在的，任何人想要这样的完美，最终可能什么也得不到。

拥有的要学会珍惜，已经失去的就潇洒放手。简单的话语，却也是人生最重要的智慧。

8. 不要怕跟别人不一样

很多时候，我们坚持自己的“与众不同”会让我们承受一定的压力，甚至招来旁人的嘲讽和奚落。但是，再难，我们也要坚持做自己。

社会学上有一个词叫“从众”，是指一个人在群体的影响下放弃个人意见的一种行为。支配这种行为的心理，就叫作“从众心理”。

一般来说，每个人都有从众的心理倾向，这主要是因为寻求安全感导致的。比如，在群体中，个体如果在思想、态度和意见上标新立异、与众不同，就会感到缺乏安全感。相反，在思想、态度和意见上与群体保持一致，则会产生一种“没有错”的安全感。严格来说，从众心理产生于一种群体对个人的无形压力。

有些时候，从众是必要的，比如遵从某些社会规则、风俗习惯。但从众必须有度，在重要事情上仍然应该保留自己的主见。

有一位名叫富尔顿的物理学家，由于研究工作的需要，他测量得出了固体氦的热传导度。但他得到的结果比传统理论计算出的数字高出500倍，这个差距实在太大了，加上他使用的是新的测量方法，他对自己这一结果持怀疑态度。因此，他没有公开发表，害怕如果公布了这一结果，会被人视作故意标新立异、哗众取宠。

但是，没过多久，美国的一位科学家也测量出了固体氦的热传导度，而他得到的结果和富尔顿的完全一致。这位科学家公布了自己的测量结果后，很快就在科学界引发了广泛关注。此时的富尔顿追悔莫及地写道："如果我当时不害怕和别人不一样，那个年轻人就绝不可能夺走属于我的荣誉！"

很遗憾，因为害怕标新立异，富尔顿永远错过了一个难得的机会。从富尔顿的故事中我们也可以得出，虽然在某些情况下从众是必要的，但更重要的是，人应该勇敢地做自己。如果你有与众不同的想法、发现，就应该勇敢地说出来。你若把自己宝贵的想法和发现闷在心里，永远没有人会关注你知道的。

不能否认，很多时候，坚持自己的"与众不同"会让我们承受一定的压力，甚至招来旁人的嘲讽和奚落。但是，再难，我们也要坚持做自己。

潘石屹，人称"老潘"，就是一个敢于和别人不一样的人。

潘石屹作为一个地产界的商人，自从走进公众视野以来，一直是一个充满争议的人物，因为他与众不同。

比如，潘石屹大胆推出"无理由退房"及升级版"年息10%的无理由退房"，都招来了同行的激烈反对，特别是任志强，暴跳如雷，认为他这是搅乱房地产市场秩序，但潘石屹还是坚持自己的想法，并最终以实实在在的优惠赢得了多数买家的心。

特立独行的潘石屹，已经在地产界美名传扬，但他还不止步，开始走上明星的道路。他在电视、论坛上频频亮相，还经常出现在各大杂志的封面上，最终，他实现了从行业明星到大众明星的升级，成为全国老百姓熟知的人物。当然，他的这种做法也招来了很多麻烦，因为他的过度公众化，导致很多坏事被放大，引发了媒体的炒作。

与此同时，也有很多房地产的同行对潘石屹嗤之以鼻，认为“一个卖房子的整天把自己弄得跟个电影明星似的”实在是可笑。但是，潘石屹有自己的想法和目的，如今，不仅有来自全国各地的买家来买“潘石屹的房子”，他的地产公司还得到了国际资本的青睐，可以说得到了大大的实惠。

作为一名地产商人，潘石屹虽然跟很多同行不一样，但他赢得了成功。所以，每个人都有必要保持一定的个性，因为有个性，一个人才能真正成为他自己。当然，我们保持个性不是为了张扬，不是为了引人注目，而只是发自内心地要做自己。

写出《欲望》一书的美国心理学家威廉说，大多数人在选择生活方式时，会不假思索地顺从他们生活中别人的想法，因为顺从意味着一条风险最小的道路。因为人们总是会称赞那些跟他们相似的人，所以这样的顺从也给人一种安全和舒适的感觉。实际上，这正是很多人难以保持独立个性的重要原因。

人的一生何其短暂，是顺从他人的想法去过所谓“安全”的一生，还是坚持走在一条属于自己的道路上，这是一个重要的选择。

第五章

懂得做人比懂得做事更重要

人生的残酷有很多种，创业失败是残酷，失去爱情是残酷，但这些残酷大都是暂时的，有一种残酷叫“不会做人”，它的破坏力是巨大而持久的。如果你不会做人，你很可能在这个社会上寸步难行，更不要妄谈成功了。

1. 做人成功才是真正的成功

人生一世，人品是底子。人品上的缺陷是任何的能力，甚至智慧也无法弥补的。实际上，如果一个人的品格很差，他在追求成功的过程中就很容易被名利所诱惑，变得骄纵、贪婪，甚至残忍，对于这样的人来说，即使成功也是暂时的。

成功，是人人都渴望的。但是，关于怎样才算成功，不同的人却有不同的标准。有的人谋得了一官半职，就举杯庆贺，认为自己成功了；有的人因为经商获得一定的财富，就财大气粗，觉得自己成功了；也有的人，出演过一两部热剧，在观众面前混了个脸熟，也就觉得自己成功了。

其实，这些成功都是做事的成功。做事的成功是一时的，也有很多偶然的因素夹在其中，做人的成功才是真正意义上的成功。

要想在事业上取得成功，首先要学会做人。正所谓，先做人，后做事。人没有做好，就算取得了一点成绩，也必定是一时的。真正会做人的人，就算一时事业受挫，也迟早会柳暗花明。

生活中总有一些人，他们看上去仪表堂堂、风度翩翩，实际上却为了个人利益不择手段，甚至把自己的利益建立在别人的痛苦之上。还有一些人，他们为了获得物质利益，见风使舵、唯唯诺诺，出卖自尊。这样的人，获得了一定的地位和物质回报，就真的能算作成功吗？他们拥有的是真正成功的人生吗？

人生的成功，必须以一个成功的人为前提。比如周作人，虽然他在文学上颇有建树，但因为人格上的污点，他的一生只能算成名，不能算成功。

那么，怎样做人才算成功呢？可能有人认为，做人就是社交，建立良好的人际关系就等于做人成功，实则不然。这里为大家总结了成功做人的六大标准：

（1）尊重他人，善于聆听；

（2）为人谦虚，不卑不亢；

（3）不说空话，多做实事；

（4）真诚；

（5）负责；

（6）平常心。

做人是一件大事，也是一个系统的整体，这几个标准当然还远不足以涵盖做人的全部内涵。准确地说，人生如一棵竹子。竹子离不开竹节，而竹子最关键的几个竹节就好比人生的几大关键问题——学业、事业、家庭、健康和人际关系。一个人只有在这些方面都取得成功，才是真正意义上的成功。如果只是在一个方面很成功，终究也是有缺憾的成功。

俗话说，山有山脊，人有人格。会不会做人，也直接关系着一个人的职业发展。或许，在初入职场的一定时期内，靠着自己的能力完全可以找到立足之地，但长远来看，要想走向更高的位置，取得更大的成就，优秀的人品是必不可少的。圣贤孔子就曾告诫世人："子欲为事，先为人圣，德才兼备，以德为首。"做事先做人，这是亘古不变的道理。而且，做事失败随时可以重来，做人一旦失败却常常就是一辈子，没有多少重新来过的机会。足见，学会如何做人是多么重要。

可以说，人生一世，人品是底子。人品上的缺陷是任何的能力，甚至智慧也无法弥补的。实际上，如果一个人的品格很差，他在追求成功的过程中就很容易被名利所诱惑，变得骄纵、贪婪，甚至残忍，对于这样的人来说，即使成功也是暂时的。

从今天起，重视人品的价值，悉心经营好自己的这面"金字招牌"，努力让自己的人品"经得起看，经得起考，经得起问，经得起查"。若真做到这一步，成功也离你不远了。

2. 人生残酷，大都因不会做人

有人脉就有力量，有人脉就有竞争力。尤其是在我们中国这样一个"人情社会"，人脉对于人生的成功，特别是商业道路上的成功，简直就像人离不开氧气一样重要。

人生的残酷有很多种，创业失败是残酷，失去爱情是残酷，但这些残酷大都是暂时的，有一种残酷叫“不会做人”，它的破坏力是巨大而持久的。要知道，在这个崇尚分工协作的社会，任何一个人都不可能靠单打独斗获得成功。美国流行这样一句谚语：“一个人能否成功，不在于你知道什么，而是在于你认识谁。”我们中国人也常说“在家靠父母，出门靠朋友”，这说的都是人脉的重要性。如果你不会做人，你很可能在这个社会上寸步难行，更不要妄谈成功了。

正所谓“人脉决定成败”，表面上看，这是说一个有着丰富人脉的人更容易走向成功，其实从更深的层次看，说的是做人问题。一个人为什么能获得丰富的人脉？很简单，因为他善于经营人际关系，通俗地说，当然就是“会做人”。来看一个不会做人的悲剧故事：

李晓勇毕业于某政法大学，学习的是经济贸易法专业，并且是一位学业成绩优秀的毕业生。毕业后，他做过文秘、法律顾问等多项工作，但没有一个做得长久。在毕业后一年多的时间里，他已经先后换过10多份工作，如今的他，已经不愿意再去公司上班了，所以干脆找到一个卤菜摊，做起了卖卤菜的小工。

作为名牌大学的毕业生，为何不做白领，反倒做起了小商贩呢？原来，因为他凡事喜欢自作主张，在工作中有自己的思路后就会毫不犹豫地说出来，而且很坚持自己的看法，从不给别人留余地，这导致他经常跟同事发生冲突。

人际交往上的失败，让他觉得很难在公司待下去，于是就不断地跳槽。而频繁地跳槽，也让他陷入了经济危机，为了维持生计，只好做起了每月700元的卤菜工。如今，他每天4点就要起床，跟着老板一起卤菜，白天看摊，晚上9点还要去农贸市场进货，可以说非常辛苦，但收入却远不如以前。

一个名牌大学的高才生，因为不善于人际交往，导致了职业发展陷入困境。当昔日同窗好友都已经在职业发展道路上大有所成，而自己却要做着每月700元的卤菜工，这种落差和残忍的现实，一定让李晓勇的内心百般惆怅吧！可见，是否善于经营人脉关系对于一个人的成功有多么重要。

中国有句古话，叫作“要做事，先做人”，看似是一个很浅显的道理，实则蕴含着深刻的人生哲理。如何做人，不仅体现了一个人的修养，更体现了一个人的智慧。一个人在职场打拼，无论他多么聪明能干，也不管他有着怎样的背景，如果他不会做人，那么他的事业发展必将受到影响。

有句话说得好：“做事是一种技能，做人是一种智慧。”这意味着，做事的技能可以给你带来一个机会，但做人的智慧却可以给你带来上百个机会。毫无疑问，会做人比会做事要重要得多。

其实，做事总是可以学会的，这就好比我们学习一门手艺，只要用心，假以时日，总可以从菜鸟到高手。但做人就不同了，并不是谁都可以学会，甚至这也不是一个简单的可以“教”的过程，重要的是自己的判断和选择。比如一个唯利是图的人，无论得到怎样的教导，他恐怕也是学不会做人的。可以说，做事靠学，做人靠悟。

在现实社会中，特别是在注重物质成功的社会里，做事成功看似比做人成功更重要，但这其实是一个误解。圣贤孔子说过：“子欲为事，先为人圣”，是教导我们做事之前先学会做人。所谓做人，说到底就是经营自己的“品牌”——人品。好人品是一个人最宝贵的财富，一个人如果能够德才兼备，离成功也就不远了。

每个人都是一扇门，走进一扇门就是走进一个世界。而每个人的背后还有无数的人，这意味着每一扇门的后面还有无数扇门，这就是人脉的魅力。人脉是人一生中最重要的财富，有人脉就有力量，有人脉就有竞争力。人脉对于人生的成功，特别是商业道路上的成功，简直就像人离不开氧气一样重要。可是，人脉靠什么赢得呢？短时间看，可能靠利益的交换，但长期看，实际还是靠做人，对于成功来说，人脉有多重要，做人就有多重要。

3. 同频共振——共鸣点使双方“固有频率”一致

共同话题是触发“固有频率”的一个有效“武器”。当然，寻找共同话题也并没有那么容易，前提是你要了解这个人。可以从他的发型、服饰以及言谈举止中做初步的判断，也可以“投石问路”，探问到对方的兴趣爱好。

在物理学上，当两个物体的频率达到一致时，它们之间就产生了“共鸣”，导致共鸣的这个频率，就叫作“固有频率”。同样的道理，在人与人之间的交往上，如果能够找到彼此的“固有频率”，那么“共鸣”也就产生了，这对于增进两人之间的友谊和情感，无疑会起到事半功倍的效果。

这里的“共鸣”，也就是我们平常所说的“共同语言”。有共同语言的人更容易成为朋友，这是人所共知的。所以，当你试图建立新的人脉关系时，不妨试着先去寻找彼此的共鸣点。

有一次，一个业务员去一家公司销售电脑，起初，这家公司的老板对他并不热情，似乎也没有购买电脑的意愿。就在这名业务员不知道下一步该怎么办时，他看到这位老板的书架上放着几本金融投资方面的书，他正好也对金融投资很感兴趣，于是，他就和这位老板聊起了投资的话题。

提到投资，老板的兴致也来了，两人从股票聊到外汇，从保险又聊到期货、最佳的投资模式等等，聊得热火朝天。不知不觉，都到了下班时间，这时业务员提到销售的电脑，这位老板毫不犹豫地就签约下了单。

这个故事告诉我们，建立与他人之间共鸣的一个有效办法就是寻找共同话题。一个彼此都感兴趣的话题，可以在瞬间打破僵局，扭转事情的走向。相反，如果没有找对话题，就可能导致四目相对，局促无言。

共同话题是触发“固有频率”的一个有效“武器”。当然，寻找共同话题也并没有那么容易，前提是你要了解这个人。可以从他的发型、服饰以及言谈举止中做初步的判断，也可以“投石问路”，探问到对方的兴趣爱好。

人与人之间建立共鸣是一个讲究技巧的过程，甚至可以说是一个讲究艺术的过程，真正掌握了这门艺术的人，能够先发制人。

伽利略年少时，立志在科学上有所成就，但是他的父亲并不支持他。于是，他决定跟父亲谈一谈。

一天，他问父亲：“我想问您一件事，是什么促成了您和母亲的婚姻大事?”

父亲说：“当然是因为你的母亲很吸引我。”

伽利略又问：“您没有喜欢过别的女人?”

“当然没有，孩子，实际上，我的父亲曾要我娶一位家境富有的女士，可是我只对你母亲钟情，坚决没有同意。”

听到这里，伽利略说：“您说得很对，我现在也面临相同的处境，除了科学，我不想选择任何别的职业，因为我只钟爱科学，就像爱慕一个年轻的女子!”

父亲有些不解，问：“为什么这样说呢?”

伽利略说：“一点也没错！亲爱的父亲，我已经18岁了！别的学生，哪怕是最穷的学生都会想到自己的婚事。可是，我却从没想过。别人都想寻求一位标致的姑娘当终身伴侣，我却只愿与科学为伴。”

父亲有些为难地说：“可是，我没有钱供你读书。”

伽利略抓住父亲的手，说：“我可以争取到奖学金的!”就这样，伽利略最终说服了父亲，得以继续走在追求科学的道路上，并最终成为世界著名的科学家。

在这个故事中，伽利略的谈话技巧可谓高超，他并不急于提出自己的问题，而是首先通过谈及父亲的婚事，绕了一个弯路来建立彼此的“心理共鸣”——坚持自己的最爱，决不放弃！从而非常顺利地获得了父亲对自己理想的支持。

可见，寻找共鸣在人际交往和谈判中的作用是非常有效的，可以让一个人化被动为主动，变不可能为可能。当然，一个人要想轻易达成目的，事前一定经过策划和准备。总之，要想在人际交往中如鱼得水，就要做一个有准备的人，一个有心人。

4. 学会从别人的立场看问题

换位思考对于人生是十分重要的，因为从不同的角度出发，总是会有不同的理解。这意味着，因为做不到换位思考，人与人之间会产生很多的误解、矛盾。相反，如果能做到换位思考，人与人之间会增添很多的理解和温情。

孔子曰："己所不欲，勿施于人。"其实不只是"己所不欲"，就算是"己所欲"也不能随便"施于人"，因为每个人都有自己的想法，你的想法未必符合别人的想法。举例来说，现在很多二十五六岁的姑娘，父母不断催促她们赶紧嫁人，而她们却还想享受单身的青春时光。

人们总是习惯把自己的想法强加于人，却不考虑对方到底在想些什么，归根结底，是因为我们没能站在对方的立场去分析问题。换言之，就是不懂得换位思考。所谓换位思考，就是设身处地地从对方的角度来思考问题。

春秋战国时代，燕国有个叫赵礼的人，他有一块田地，这块田地紧邻一条路，而这条路比较低洼，下雨之后总是积水，变得泥泞不堪。每当这个时候，过路的行人总是踩着他的地走过去。这让赵礼非常不满，于是，他在田头插上了一块牌子，写道："禁止踩踏，违者罚款！"

但是，过路的人们似乎对此并不在意，仍然继续从他的田间穿行。后来，赵礼一气之下，在低洼的道路和田地之间挖了一条大沟。他想，这下总没有人跨过沟来踩我的田地了吧！但是没想到，这不仅没能阻止路人踩踏田地，由于要绕大弯子，路人反而踩踏了更大面积的田地。为此，赵礼几次与行人争吵，气得他连饭都吃不下。

过了一段时间，赵礼的内心渐渐恢复平静。有一天，他突然想，人们总是要走这条路的，可是，泥泞的路谁愿意走呢，倒不如我把这条路修好，那样行人自然就不会来踩踏我的田地了。果真，在赵礼修好这条路之后，再也没有人踩过他的田地。

一个起初让赵礼百般纠结的问题，最后因为站在对方的角度去考虑，轻而易举地就解决了，这就是换位思考的力量。

佛祖说，别人是你的一面镜子，你怎样对待别人，别人就怎样对待你，你为别人着想，考虑别人的方便，别人自然也会为你着想。可见，人只有懂得换位思考，才能建立和谐健康的人际关系，也才能迎来焕然一新的人生。

换位思考对于人生是十分重要的，因为从不同的角度出发，总是会有不同的理解。这意味着，因为做不到换位思考，人与人之间会产生很多的误解、矛盾。相反，如果能做到换位思考，人与人之间会增添很多的理解和温情。父母子女之间，夫妻之间，同事之间，皆是如此。

不过在很多时候，换位思考说起来容易，做起来却很难，因为很多人并没有真正理解换位思考的内涵。有这样一个小段子：

妻子正在厨房炒菜。

丈夫在她旁边一直唠叨不停："慢些、小心！火太大了。赶快把鱼翻过来、油放太多了！"妻子脱口而出："我懂得怎样炒菜，不用你指手画脚的。"

丈夫平静地答道："我只是要让你知道，我在开车时，你在旁边喋喋不休，我的感觉如何……"

不得不说，这是一个聪明的丈夫，通过炒菜这件事让他的妻子真正体会到"不被换位"是怎样一种感受，从而让他的妻子得以认识到，怎样才算真正的换位思考。

人与人之间需要相互理解和体谅，但遗憾的是，很多的所谓理解和体谅，名义上是站在对方的角度，实际上还是自己的思维，所以并不是真正的换位思考。比如经常有人对别人说"我要是你，我会如何如何"，这就是一种虚假的换位。

换位思考是一门学问，除非你能用别人的思维去思考，否则你的换位不过是换个位置，然后继续用你自己的思维去理解别人。

克鲁泡特金在《互助论》中证明：只有互助性强的生物群才能生存，对人类而言，换位思考是互助的前提。通俗一点说，我们要想结交好友，或者组建团结的队伍，都离不开换位思考，换位思考的能力是做人成功的重要保障。

5. 称赞他人获得的成果，即使很小也是成功

在人际交往中多一句赞美，往往能换来对方的一片赤诚；在职场中多一句赞美，往往能大大激发员工的工作热情；在家庭中多一句赞美，常常能换来一个和谐幸福的家庭。

女人喜欢什么？赞美！

男人喜欢什么？赞美！

员工喜欢什么？赞美！

孩子喜欢什么？还是赞美！

在这个世界上，有人会对金钱不屑一顾，但却没有一个人会拒绝来自别人的赞美。有教育界的专家研究得出结论，认为一切伟大的天才都是在赞美中诞生的。或许，只有赞美还远不足以催生天才，但天才确实离不开赞美。

美国著名女企业家玫琳凯女士曾说过：“世界上有两件东西比金钱和性更为人们所需，就是认可与赞美。”社会学家也早已通过研究发现，人类最深层的心理需要就是渴望获得他人的赞美。

赞美的确是一种非常神奇的力量。不知你是否读过这样一个故事：

有一天晚上，韩国的一家大公司的保险箱遭遇了盗贼，幸好这家公司的一名员工与这个盗贼进行了殊死搏斗，才终于保住了公司的宝贵财产。这个勇敢的员工不是别人，而是一个普普通通的清洁工。

事后，有人问他：“你只是公司一个最不起眼的角色，何必冒着生命危险去保护公司财产呢?”答案出人意料，他说：“每次公司的总经理从我的身边经过时，他总是赞美我扫的地真干净！”

原来，就是这么简单的一句赞美，使得这个公司最普通的员工受到了鼓舞和感动，甚至愿意为保护公司的利益献出生命。

在这个小故事中，赞美的力量得到了充分体现。通常来说，人们认为物质上的激励更能调动员工工作的积极性，实则不然，金钱虽然有一定的激励作用，但金钱远不是一切，适当的语言赞美可以起到事半功倍的效果。

要知道，每个人都有自尊心和荣誉感，而赞美正满足了人的这一需求，也正是因此，赞美才会具有超出预料的巨大作用。可以肯定地说，人人都渴望得到别人的称赞，这是人性使然。而被人称赞的感觉是美妙的、温暖的，甚至感到浑身都充满了力量。

多多赞美你的家人、朋友和同事吧，甚至是一个擦肩而过的陌生人！即使他只做好了一件很小的事情，也请不要吝啬你的赞美。美国作家马克·吐温曾说过：“一句赞美能顶我10天的口粮！”没错，赞美是人最好的精神食粮，一句真诚的赞美可能会改变一个人的一生。

美国著名的教育家和演讲口才艺术家卡耐基，小时候其实是一个非常调皮的小男孩。面对这个调皮的小男孩，他的父亲总是充满了抱怨和批评。

卡耐基9岁那一年，他的父亲把继母娶进门。父亲在向新进门的妻子介绍卡耐基时，说：“必须告诉你，这是全市最坏的男孩，他实在令我头痛，你一定要小心，说不定哪天他还会拿石头砸你。”

听到父亲这样介绍自己，卡耐基的心中充满了愤怒与悲伤。可是令这个孩子没想到的是，继母走到他身边，抚摸着他的头，然后对丈夫说：“不，你错了，他可不是最坏的男孩子，而是最聪明的孩子，他只是还没找到地方施展他的才华而已！”

此话一出，卡耐基泪流不止。就是因为这样一句赞美，卡耐基一改往日的做派，成了一个好学上进的男孩，跟继母之间也建立了很深厚的感情，甚至超越了和父亲之间的感情。

赞美比训诫更有力量，千万不要小瞧一句赞美的力量！如果没有当年继母的这句赞美，很难想象，是否还会有今天的享誉世界的卡耐基。

绝大多数人在这一生中，首先都是追求物质财富，但这只是初级理想，当一个人获得了财富之后，他还想要进一步实现个人价值，而这样做的根本目的，则是为了获得别人的赞美和认可。被人赞美，可以说是人的最根本的追求。

在人际交往中多一句赞美，往往能换来对方的一片赤诚；在职场中多一句赞美，往往能大大激发员工的工作热情；在家庭中多一句赞美，常常能换来一个和谐幸福的家庭。我们都渴望别人的赞美，对吗？那么，请首先慷慨地去赞美别人吧！

6. 对别人感兴趣，而不是显示自己有趣

社交永远不是一个人的舞台，而是人与人之间的互动。你若只顾着一个人的“表演”，谁又甘心永远做你的“观众”？所以，你对别人感兴趣，别人才会对你感兴趣，才会与你做朋友。

做人失败的原因有很多，但其中最重要的一个，就是以自我为中心。人际交往，自然是人与人之间的交往，可是，一个习惯以自我为中心的人，总是会更注重自我表达，而忽略对方的存在和感受。长此以往，必然导致别人不愿与他交往。因

此，我们在人际交往中都应该走出自我，真正表现出对他人的兴趣。

记住，你对别人感兴趣，别人才会对你感兴趣。而不是你以为的，你表现得很有趣，别人就会对你感兴趣。在下面的这个故事里，你会看到对别人感兴趣有多么重要。

查尔斯在纽约的一家大银行工作，有一天，领导安排他写一篇某公司的机密报告。他知道，他所需要的这些资料，只有一家工业公司的董事长能够提供。于是，查尔斯便去拜访这位董事长。

当查尔斯走进办公室时，一位女秘书从另一扇门中探出头来，对董事长说："今天没有什么邮票！"

"我替儿子收集邮票。"董事长对查尔斯说了一句。然后，他们的谈话继续，可是，董事长不愿意为查尔斯提供他想要的资料。

这一天，查尔斯回来后很是沮丧，坐在沙发上发呆。可是，突然，他想起那位女秘书说的话——邮票！没错，董事长喜欢给儿子收集邮票！

第二天，查尔斯又去了。他让秘书告诉董事长，他有一些邮票要送给董事长的儿子。结果，董事长很高兴地接待了他。"哦，儿子一定会喜欢这张！还有这张，儿子一定会当作无价之宝！"看着查尔斯带来的邮票，董事长显得非常激动。他们就这样谈论着邮票，足有一小时之久。

奇迹出现了，没等到查尔斯提出，董事长就把他所需要的所有数据都告诉了他。不仅如此，事后董事长还打电话来，补充提供了一些数据和事实。

查尔斯能够在第二次拜访中满载而归，靠的是什么？其实并没有什么特别的“武器”，只是表现出对别人感兴趣，仅此而已。

有一位作家曾说过：“如果作家不喜欢他的读者，那么他的读者也不会喜欢他的小说。”人与人之间也是一样，你若对别人没兴趣，别人也很难会对你有兴趣。同样，让别人对自己有兴趣的最有效方法，就是对别人有兴趣。

换位思考一下就更好理解了，你希望别人对你感兴趣，同理，每个人也都像你一样希望别人对他感兴趣。有人说，一个人只要真心对别人感兴趣，他两个月内就能比一个只要别人对自己感兴趣的人两年内交下的朋友还要多。对于这样的猜想和估计，我完全赞同和相信。接下来这个小故事，可能会让你大吃一惊：

有一个叫吉姆法里的人，他从来没有进过一所中学读书，可是，到他46岁这一年，已经获得了四所学校授予的荣誉学位，并且还当选为民主党全国委员会的主席和美国邮政总局局长。有人问他：“你成功的秘诀在哪里？”

吉姆法里说：“我有一种记住别人名字的本领。”

“据说你可以记住一万个人的名字？”

“不，你弄错了，是五万个！”

“记住别人的名字对一个人的成功真的很重要吗？”

吉姆法里说：“记住人家的名字，而且很轻易地叫出来，等于表现出你对人家感兴趣。因为我很早就发现，人们对自己的姓名看得惊人地重要。”

记住别人的名字，这只是表示对对方感兴趣的方式之一，但仅仅是把这一点做到极致，吉姆法里就获得了极大成功。可见，表现出对别人感兴趣有多么重要！在工作和生活中，如果我们能够从多个方面去表达对别人的兴趣，结果又会如何呢？

不过遗憾的是，现实中关注自我更多的人比比皆是。纽约电话公司曾经做过一项有趣的调查：在电话通话的过程中哪个词出现得最多？结果令人大吃一惊，在被调查的 500 个电话谈话中，“我”出现频率最高，竟然出现了 3950 次！

社交永远不是一个人的舞台，而是人与人之间的互动。你若只顾着一个人的“表演”，谁又甘心永远做你的“观众”？所以，你对别人感兴趣，别人才会对你感兴趣，才会与你做朋友。

7. 任何时候都要给别人保留脸面

为人处世留余地，不把话说绝，不把事做绝，这是一种人生智慧。这正如雕刻人像时，先把鼻子留高一些，后期根据需要再酌情削减，也正如炒菜放盐时，会先少放一些，觉得淡了再多加一些。

有那么一种人，他遇到不喜欢的人和事，总是认为自己很有道理，于是毫无顾忌地指指点点，心里想什么都一股脑儿地倒出来，丝毫不顾忌对方的颜面，结果常常得罪人。你是这样一种人吗？你的周围是否有这样的同事或朋友？

其实，这样的人最不招人喜欢，不是吗？因为自己的很有道理不过是“自以为”，说到底还只是自己的道理而已。为人处世，切忌太满。反过来，把握好一个适当的度，给别人留出面子，才是智慧的做法。

战国时期，有一天，齐国大臣隰斯弥和另一个大臣田成子，来到一个高台上眺望，欣赏风景。这个高台修得非常高大，站在这上面，可以眺望方圆五里内的景色。但唯一的遗憾是，高台的正南面，正好有一棵参天大树，挡住了视线，以至于南面的景物就只剩下这棵树了。巧合的是，这棵树正是隰斯弥家的。

隰斯弥是一个很有心的人，早就发现了这棵树的“不合时宜”，所以这一天他特别留意了田成子，发现这位平日老谋深算的大臣并未因此流露出不高兴的神色。可是，一向思维缜密的隰斯弥仍然觉得不安，他相信，田成子的内心必然早对这棵树不满了。于是，这一天回到家后，隰斯弥就叫来仆人，吩咐他把这棵大树砍掉。但有意思的是，这个仆人刚砍了几下，隰斯弥又命令他立刻住手。这一下，仆人纳闷了，问：“不就是一棵树吗？怎么一会儿要砍，一会儿又不砍了呢？”

隰斯弥解释说：“你知道吗？这个田成子正在谋划政治上的大事，假如我砍掉这棵大树，表现得很了解他的心思，那他一定会认为我知道了他很多的秘密，这样我岂不是很危险？”

听完，仆人还是一脸的困惑，又问：“那开始为何又让我砍呢？”

隰斯弥继续解释说：“这棵树的位置确实有问题，我开始让你砍是为了不得罪他，现在砍了几下又让你停下，也是为了不得罪他。所以，砍了又不砍倒，才是最安全的！”听到这里，仆人终于明白了。

后来，果然证明了隰斯弥做法是正确的。田成子发动叛乱，杀死了很多知晓他“秘密”的人。唯独对隰斯弥，却没有采取任何行动，因为在田成子看来，隰斯弥对自己并不是太了解。

这个故事够深刻，也够智慧吧？一棵树砍还是不砍，竟然关系到一个人的前程，甚至性命！其实，在职场中何尝不是如此，只不过后果没那么严重罢了。

因为常常涉及到利益，相对于日常人际交往，职场中的人际交往要复杂些，这就更加需要我们把握好度——什么该说，什么不该说，该说的又该说到什么程度？说话是如此，做事也是同样。

为人处世留余地，不把话说绝，不把事做绝，这是一种人生智慧。这正如雕刻人像时，先把鼻子留高一些，后期根据需要再酌情削减，也正如炒菜放盐时，会先少放一些，觉得淡了再多加一些。

给别人留余地，其实也是给自己留余地，这是一个变化莫测的世界，你今天毫不客气“教训”的这个人，说不定哪天就会成为你的“有求之人”。

我曾经有一个朋友，因为在单位和一个同事之间发生点矛盾，一气之下，他便对那位同事说：“从今之后，你我一刀两断，各走各路！”但没想到，几个月后，这位同事竟然成了他的直接领导，十分尴尬，最后只得辞职另谋出路了。

仅仅因为自己一时冲动说出的“狠话”，原本好好的一份工作，就这样失去了，值得吗？

俗话说：“十年河东，十年河西。”这不仅是一个发展日新月异的时代，在快节奏的大背景下，人情世故也是一样的变化莫测，如果把话说得太满，把事做得过绝，将来一旦发生了不利于自己的变化，就难有回旋的余地了。换句话说，给别人留余地，也是给自己留余地，对别人宽容，也是在保全自己。

我们这样的思虑和做法，绝不是要做有心机的“小人”，而是要做有“心思”的智者。切记，“处事需留余地，责善切戒尽言”。

没有挣扎
MEI YOU ZHENG ZHA << << <<<
就不叫
JIU BU JIAO SHENG HUO < <<
生活

第六章

相由心生——浮躁世界的静心之道

静，是一种修养，一种智慧，一种境界。人只有保持内心的平静，才能体悟生命的真谛，收获精彩的人生。一个能够静下来的人，他的人生才能够真正活得生龙活虎。

1. 人生苦乐，皆在于心

佛家说："心即是魔，心即是佛。"这是什么意思呢？这就是告诉我们，当面对一些无法改变的事情或者人时，不要烦恼，更不要强求，不如试着去改变自己的内心，你会发现，一切也在悄悄改变。

在我们每个人的人生中，遇到不如意的事情都是难免的，如果不能正确看待这些不如意，人就会一味地怨天尤人，陷入抑郁和悲伤之中。但奇怪的是，很多人面对同样的人生和遭遇，却表现出完全不同的状态。比如同样是面对贫穷，有的人哀叹命运不公，终其一生都在消沉中度过，有的人却能够斗志昂扬地去为改变命运而奋斗。

其实，归根结底，人生一切的苦与乐，都决定于自己的心。正所谓"境由心生"。漫漫人生路，有苦也有甜，只有积极乐观的人才能够苦中作乐，才能够享受到幸福的人生。

也可以说，生活从来都不缺少美好，只是那些怀有一颗感恩之心的人，才能够发现它，也才能享有它。所以，不管遇到好事还是坏事，我们都应该多往好处想，换个角度想问题，转变观念看问题，生活也便截然不同了。在这一点上，苏格拉底远比一般人做得好，值得我们每个人学习。

著名哲学家苏格拉底，当他还是一个单身汉的时候，跟几个朋友一起住在一间只有七八平米的小屋子里，可他一天到晚总是乐呵呵的。有人不解，问他：“那么多人住在一起，转个身都难，你有什么可乐的?”

苏格拉底说：“这你就不懂了，这么多朋友住一起，随时都可以交流思想和感情，这是一件多么值得开心的事情啊!”

后来，朋友们一个个都成了家，搬出去了，屋子里只剩下苏格拉底一个人，可他还是每天都很快乐。那人又问他：“大家都走了，就剩你一个人，孤孤单单，你有什么可乐的?”

这一回，苏格拉底说：“我还有很多书啊，一本书就是一个老师，和这么多老师住在一起，怎么能不开心呢?”

几年之后，苏格拉底也成家了，搬进了一座大楼里居住。这座楼房有7层，他家在最底层，这里总是很吵闹，卫生也很差，时不时还有小偷光顾，更可恶的是，楼上竟然有人扔臭鞋子、袜子下来！可即便如此，苏格拉底仍旧每天一副乐呵呵的样子，那人又问了：“住在这样的环境下，你也高兴得起来吗?”

苏格拉底毫不犹豫地说：“当然，你不知道一楼有多少好处，不用爬楼梯，搬东西也很省事，而且，有朋友来访也很容易找到我家！最让我满意的是，一楼还可以在空地上种菜、养花，有趣极了!”

过了一年，苏格拉底把一楼的房子让给了一位行动不便的老人，自己则搬到了最高的 7 楼。见他每天仍旧一副快活的样子，那人揶揄他说："先生，住在高高的 7 楼也有很多好处吧！"这回，苏格拉底笑着说："对，你说得太对了，7 楼光线好，还很安静！"

假如你是苏格拉底，也像他一样经历这些不同的生活环境，你会作何感觉呢？即使不会牢骚满腹，也很难像苏格拉底那么乐观吧？

不得不说，苏格拉底的心态令人佩服，他之所以能够做到这样，主要是因为他更关注生活中美好的一面，对于糟糕的一面则选择忽略。而我们大部分人却正好相反，习惯于盯着生活中糟糕的一面，而对美好的一面视而不见，这样一来，又怎么能开心呢？要知道，生活的美好，有时不是来自命运的馈赠，而要靠自己那双善于发现的眼睛去发现。当然，一双"明亮"的眼睛背后是一颗智慧的心。

佛家说："心即是魔，心即是佛。"这是什么意思呢？这就是告诉我们，当面对一些无法改变的事情或者人时，不要烦恼，更不要强求，不如试着去改变自己的内心，你会发现，一切也在悄悄改变。或许很多人会觉得这很难，但其实只要内心做出了选择，放下该放下的，拿起该拿起的，一切都会变得自然而然。

其实，从某种意义上说，一个人的心态就是他这一生的导演，他想要导出怎样一种人生，全在于自己的选择。人生的苦乐，不在于遇到什么，而在于心里愿意装着什么。人生，拿得起是担当，放得下是智慧。

岁月如水，缓缓在指尖流淌。无论成功时的得意，还是失败时的失意，都一样会消散在岁月的长河里，所以，在遭遇挫折的当下完全不必太在意。一切的不如意都是暂时的，只要你还怀有一颗放眼未来的心。

2. 勇敢面对残酷的世界，哪怕跌倒了没有人扶

被一次挫折就打败的人，不配拥有最后的成功。真正有追求的人，即使遭遇再难的困境，即使没有一个人搀扶他，他也会咬着牙站起来，继续自己的追梦之路。

人生多坎坷，处处是坑洼；江湖多风波，处处是浪涛。然而，面对如此残酷的世界，难道我们就只能躲在安乐窝里吗？事实上，如果不出去闯荡一番，我们是不可能拥有安乐窝以及一席之地的，就是说即使你想逃避梦想，也需要你自己勇敢去选择。

哲学家黑格尔曾说，只有永远躺在泥坑里的人，才不会再次掉进泥坑里。这句话的意思其实是说，一个人如果没有走出泥坑重新迎接挑战的勇气，那么他就只能永远躺在泥坑里了。换句话说，我们都不应害怕再一次遭遇挫折，因为只要走上奋斗的道路，挫折和失败都是难免的，即使再次失败，也是一种历练，而这每一次的历练，终将成就一个更加优秀的自己。

毫无疑问，世界是残酷的，在我们追求理想的道路上，会遭遇各种挫折和失败，这就像一个又一个的泥坑，拖住了我们前行

的脚步。这个时候，如果我们不鼓足勇气重新站起来，还能有什么未来呢？

跌倒不可怕，可怕的是跌倒之后不敢站起来。

贝瑟妮·汉密尔顿出生在夏威夷，她的父母是技术精湛的冲浪爱好者，她在很小的时候，就表现出在冲浪方面的才华。8 岁那年，她第一次参加冲浪比赛，就在短板和长板两个组均夺得冠军，并很快在冲浪界声名鹊起。

在家人和朋友的眼里，贝瑟妮具备成为冲浪冠军的所有天赋，称呼她为“海的女儿”。而贝瑟妮自己，也立志成为一个世界冲浪冠军。

然而，灾难却在她 13 岁那一年降临了。那一天，海面上风平浪静，13 岁的贝瑟妮正躺在冲浪板上休息，并悠闲地把一条胳膊伸到水里玩耍。突然，一个灰影蹿到她跟前，随即贝瑟妮感觉到一阵剧烈的摇晃和钻心的疼痛，当她试图挣扎时，看到身边的海水已经鲜红，而她，已经丢掉了一只胳膊。

她的左臂，从肩膀往下，全部被鲨鱼咬断了。这一天，她险些因失血过多而死亡。医生说，如果鲨鱼再向贝瑟妮的身体多咬进一些，她势必会丧命。

精彩的人生刚刚开始，就面临这样的巨变，这让一个年仅 13 岁的女孩何以承受？她的父母甚至都还没有想好怎么安慰和鼓励她，她的表现却让所有人大吃一惊。在她胳膊上厚厚的绷带被拆开的那一天，醒目的伤疤让在场的所有人都难过得流下眼泪，可是贝瑟妮却异常镇静，她问父亲：“我什么时候能再去冲浪？”

之后，贝瑟妮用一句非常简单的话语回答了所有人的疑问。

她说："我无法改变现实，所以只能勇敢面对！"

仅仅一个月后，贝瑟妮就迫不及待地回到了大海的怀抱，继续她的冲浪训练。只剩下一只胳膊的她，虽然在冲浪这条道路上面临很多困难，但是她下定决心要走好这条路。

经过一系列刻苦的恢复性训练，贝瑟妮克服了单臂带来的平衡难题，先后夺得一系列赛事的冠军。如今，她已经成为世界职业冲浪协会全职选手，并战胜了很多四肢健全的冲浪高手，勇夺冠军。可以毫不夸张地说，贝瑟妮已经是家喻户晓的独臂冲浪英雄。

世界待贝瑟妮以残忍，然而，贝瑟妮却勇敢地站起来，重新上路，并赢得了一个远比很多健康人更精彩的人生。贝瑟妮的故事告诉我们，无论遭遇怎样的打击，只要一颗坚定勇敢的心还在，一切都可以重新开始。

其实，谁的人生中没有一点波折呢？有的人因为一点小失败就轻言放弃，一蹶不振，跟故事里的贝瑟妮比起来，实在是令人汗颜。

人生难免要经历一些风雨，不过，风雨能够摧毁一个人，也能够成就一个人，全在于这个人是否有一颗坚强勇敢的心。心若坚强勇敢，再大的风雨只会让他变得更强大，心若胆小懦弱，一点点风雨就足以成为湮灭他的滔天巨浪。归根结底，让我们的人生呈现出完全不同模样的，不是命运，不是失败，而是我们自己。

哲学家马克思说过："世界上没有永远平坦的大路，只有不畏劳苦沿着陡峭山路攀登的人才会有希望达到光辉的顶点。"被一次挫折就打败的人，不配拥有最后的成功，真正有追求的人，即使遭遇再难的困境，即使没有一个人搀扶他，他也会咬着牙站起来，继续自己的追梦之路。这样执着坚忍的人，不成功才难呢！

让我们都记住，在走向成功的道路上，失败并不可怕，孤独同样不可怕，这些虽然有时令人感到难以承受，但只要挺一挺，都会过去，心灰意冷地说放弃才是最可怕的事情。因为此一时的放弃就等于毁掉了永远的未来。

3. 人生是算总账的过程，不要计较眼前的得失

你想要得到一般人得不到的东西，就要先失去一般人不愿失去的东西。永远纠结于眼前得失的人，算出来的都是“阶段性的账单”，而人生成败还是要看最终的“总账”。只有那些眼光长远、懂得算总账的人，才能成为最终的人生赢家。

生活中，人们总是喜欢得到，不喜欢失去，但有句话说得好，“塞翁失马，焉知非福”，有些失去，在当时看来是一件令人悲伤难过的事情，但从更长远的角度看，实则是一种得到。甚至在有些时候，恰恰是因为失去，才能够得到。

风浪中，一艘船沉了，唯一的一个幸存者被冲到了一个荒芜的小岛上。每一天，这个幸存者都在翘首期待，希望有人发现他的存在，来营救他。可是，日子一天天过去了，船只连个影子都没有。为了活下去，他弄来一些树枝、树叶搭建了一个简易的“家”。

可是，有一天他外出寻找食物时，“家”里却着火了，辛辛苦苦搭建的“家”化为了一堆灰烬。看着燃烧的火焰和升腾的浓烟，他的内心感到无比绝望。

第二天一大早，当他还在痛苦和绝望中煎熬时，风浪拍打船体的声音惊醒了他——一只大船正在向他驶来！

他不解地问：“你们是怎么找到我的？”

“我们看到了你燃放的烟火信号！”

这个故事很好地诠释了得与失的关系。或许，有些得到总是要以一定的失去为代价。正所谓“鱼和熊掌不可兼得”，面对人生的得与失，我们都应该怀有一颗豁达的心。

其实，人生没有纯粹的得，也没有纯粹的失，得中有失，失中亦有得。有人想要得到很多，所以拼命地“抓”，但最后却发现并不是自己想要的。这就告诉我们，眼光一定要放长远，不要被一时的得失蒙蔽了双眼。把芝麻看成西瓜的人，恐怕永远也得不到西瓜。只有那些能够放下一时得失，放眼未来的人，才能够真正得到。

日本东京岛村产业公司及丸芳物产公司董事长岛村芳雄，不但创造了著名的“原价销售法”，还利用这种方法，由一个一贫如洗的店员变成一位产业大亨。他是怎么“得到”这样的辉煌成就的？

岛村芳雄最初来到东京的时候，在一家包装材料厂当店员，薪水很低，常常囊空如洗。既然没钱买东西，那就闲逛吧。下班后，岛村芳雄常常到街头闲逛，欣赏行人的服装和他们所拿的东西。

有一天，他又在街上闲逛，无意间发现，很多人都提着一个纸袋，他知道，这些纸袋都是商店给顾客装东西用的。岛村芳雄的脑子里突然闪过一个念头，做纸袋生意一定会大赚一笔！

可是，考虑到自己一无经验，二无资金，到底应该怎么运作呢？最终，岛村芳雄创造了“原价销售法”，很快在激烈的商业竞争中找到了立足之地。

所谓“原价销售法”，就是以一定的价格买进，然后以同样的价格卖出，在这个过程中，中间商没有赚一分钱。

岛村芳雄以 5 角钱的价格大量买进 45 厘米规格的麻绳，然后以原价卖给东京一代的纸袋厂。这种完全没有任何利润的生意，做了一年之后，东京一代的纸袋厂都知道“岛村芳雄的麻绳确实很便宜”，所以订单源源不断。

接下来，岛村芳雄开始实施第二步行动了。首先，他拿着进货的收据单，去找到客户，说：“你们看，到现在为止，我可是一毛钱都没有赚到你们的，如果继续这样下去，我可要破产了。”结果，客户们被岛村芳雄的诚信所感动，主动把订货价格提高到了 5 角 5 分。

紧接着，岛村芳雄又找到麻绳的厂商们，说：“你们卖给我一条麻绳是 5 角钱，我一直是原价卖给客户的，因此才有这么多的订单，可如果继续这样下去，我只有关门歇业了。”厂商们一看岛村芳雄开给客户的收据存根，大吃一惊，还真是原价！于是，他们把麻绳的价格降低到了 4 角 5 分。

这样一来，岛村芳雄在每条麻绳上就获得了 1 角钱的利润，按照当时每天 1000 万条的交货量来计算，他一天的利润就达到了 100 万。

羡慕岛村芳雄的成功吗？可是，你能做到他那样不计较一时的得失吗？我们可以猜想一下，他当年“原价销售”的时候，会不会有人说他傻？我们中国有句话叫“放长线钓大鱼”，我想用来形容岛村芳雄再合适不过了。

你想要得到一般人得不到的东西，就要先失去一般人不愿失去的东西。永远纠结于眼前得失的人，算出来的都是“阶段性的账单”，而人生成败还是要看最终的“总账”。只有那些眼光长远，懂得算总账的人，才能成为最终的人生赢家。

有得有失是人生的常态，我们要做的就是失之坦然，得之亦坦然。当然还有更重要的一点，就是分清“大和小”，再多的金钱也是“小”，因为失去了可以再挣，而人格、感情等却是一旦失去就再也难以找回了，是为人生之“大”。

4. 非淡泊无以明志，非宁静无以致远

现在很多人都觉得自己活得很累，说到底都是被名利所累。没有名利的人苦苦追求，拥有名利的人又要想方设法保住名利。名利就像是一个魔咒，让我们原本轻盈、纯粹的生命变得沉重而复杂。

“非淡泊无以明志，非宁静无以致远”，这是诸葛亮留给后世的一句名言。如此简单的一句话，却道出了一种常人难以抵达的人生境界。

人生短暂，功名利禄生不带来，死亦无法带走，所以我们都宜怀一颗平常心，恬淡寡欲、贫安乐道、知足常乐地对待人生和

把握生活。唯有如此，我们的生命才能得到净化，我们的人生也才能得以丰盛。

其实，生命单薄，如果你心怀太多的名利欲望，生命何以能够承受？人生又何以快乐？不如以一颗平常心去看待人生中的一切，简简单单过自己的真实人生。要说淡泊名利的典范，非当代大学者钱钟书莫属。

钱钟书先生是中国当代极负盛名的文学家和学者，他的作品令很多人爱不释手。不过，也许很多人并不知道，钱钟书先生是一个非常淡泊名利的人。关于淡泊名利的钱钟书，流传着 3 个故事。

故事一：有一位外国女读者读过钱钟书先生的作品后，对钱钟书仰慕不已，甚至远渡重洋来到中国，非要见上钱先生一面。可是，当这位外国读者找到钱先生所居住的城市，打电话跟钱先生预约时间时，钱钟书却很礼貌地推辞了，还说了一句很著名的话，他说："如果你吃了一个鸡蛋，觉得味道很不错，又何必非要见到那个下蛋的鸡呢？"

故事二：20 世纪 80 年代，美国著名的普林斯顿大学邀请钱钟书去讲学，每周只需钱钟书讲 40 分钟课，一共讲 12 次，酬金高达 16 万美元，而且食宿全包，可带夫人同往。这可谓是一个名利双收的大好机会，令多少文人羡慕不已，可就是面对这样的丰厚待遇，钱钟书还是坚决地拒绝了——不去！

故事三：中央电视台《东方之子》栏目的记者，也深知钱钟书先生一贯谢绝所有新闻媒体的采访，尽管他千方百计想要冲破钱钟书的防线，但最后还是遗憾地向全国观众宣告：钱钟书先生坚决不接受采访，我们只能尊重他的意见。

从故事中可以看出，钱钟书先生的淡泊名利绝不是装装样子，而是坚决贯彻到底的，不打一丝一毫的折扣。钱钟书用他的一生告诉我们，什么才是真正的淡泊名利。可是，反观现在的社会，多少人被名利蒙蔽了双眼，多少人为名利挤破头！

当然，我们说淡泊名利，并不是绝对地拒绝名和利。名，事关一个人的名誉和尊严；利，代表金钱，在一定程度上是人们物质生活的保障。所谓淡泊名利，实际上是说追逐名利要适可而止，不要深陷其中，不可自拔。要知道，名和利绝非是人生的主旋律，人生真正的幸福在于拥有一颗淡然的心，去细细体味人生，感受生命。如钱钟书这般，或许他因为淡泊名利而失去了很多，但却收获了一颗幸福的心。

人的一生要过很多的关口，不得不说，名利是最难过的一关。“生命不息，奋斗不止”，已经在很多人那里被改写成“生命不息，名利不止”。

《清代皇帝秘史》中有记载，乾隆皇帝有一次下江南，来到江苏镇江的金山寺，看到脚下大江东去，很是壮观，随口问身边的一个老禅师：“你在这里住了几十年，可知道每天有多少船只来往？”老禅师回答说：“我只看到两只船，一只为名，一只为利。”

老禅师一句话道破天机，令人佩服！其实，在如何看待名利的问题上，关键是要做到不偏激，能够客观地看待名利的作用和意义，从而能够“宠辱不惊，看庭前花开花落；去留无意，望天空云卷云舒”。

现在很多人都觉得自己活得很累，说到底都是被名利所累。没有名利的人苦苦追求，拥有名利的人又要想方设法保住名利。

名利就像是一个魔咒，让我们原本轻盈、纯粹的生命变得沉重而复杂。

人生离不开名利，但名利绝非人生的终极目标，所以，放下吧！放下才能真正拥有，放下才能真正幸福。

5. 面临大事有静气，方为大家风范

静，是一种修养，一种智慧，一种境界。人只有保持内心的平静，才能体悟生命的真谛，收获精彩的人生。一个能够静下来的人，他的人生才能够真正生龙活虎。

人的一生中，难免会遇到一些突发状况或者是面对重大抉择，这也是最考验一个人的定力的时候。此时，你若心浮气躁，便会乱了方寸，只有守住一颗宁静的心，才能处事泰然，彰显大家风范。

才子纪晓岚就是这样一个有大家风范的人。

有一年夏天，宫里新进了不少扇子，按照当时的风俗，儒雅人士会在自己的扇子上题一些字画。于是，乾隆把他最喜欢的一把扇子交给了纪晓岚，并交代他把唐代诗人王之涣的一首诗《凉州词》题写上去。

纪晓岚题好字，就把扇子呈给了乾隆皇帝。可是，乾隆皇帝一看，“黄河远上白云间”的“间”字丢掉了。乾隆大为不快，把扇子丢给纪晓岚，说他犯下了欺君之罪。在场的还有其他一些官员，闻此都大惊失色。可是，纪晓岚不慌不忙地打开扇子，一

看，发现还真丢掉了一个“间”字。至此，他仍然没有惊慌失措、跪地求饶，而是不动神色地对乾隆皇帝说：“启禀圣上，臣题的不是一首诗，而是一首词。”

乾隆怒气未消，问：“明明是一首诗，你怎么说是一首词？”

纪晓岚继续镇静地说：“皇上息怒，且让微臣念给皇上听。”

于是，纪晓岚念出了这样一首词：“黄河远上，白云一片，孤城万仞山。羌笛何须怨，杨柳春风不度玉门关。”

经过纪晓岚这么一断句，一首《凉州词》果然由诗变成了词，而且意思完全未变。乾隆皇帝听后哈哈大笑，连连夸赞纪晓岚处变不惊，有大家风范，也免了他的欺君之罪。

纪晓岚能够巧妙地化解这场危机，靠的就是内心的处变不惊。我们中国人常说，静观其变，以静制动，讲的其实都是静的智慧。事实上，只有当一个人的内心完全平静下来的时候，智慧才能被唤醒，才能体悟到生命的真谛。

复旦大学老教授周有光，102 岁时仍然可以生活自理，并且还在坚持写作。他生命的力量来自哪里？他说：“不要着急，遇到任何坏事情，要稳定，要安静。”没错，正是在内心的平静之中孕育着生命的力量！

释迦牟尼苦行 6 年，受尽折磨苦难，也没能找到解脱痛苦的办法，可是，他最后以静思代替苦行，在菩提树下静坐七七四十九天，终于顿悟，创建了佛教。这也告诉我们，保持“内心平静”看似是一件不起眼的小事，实则蕴藏着巨大的能量和智慧。

当你遇到突发事件时，是以情绪反应来解决问题，还是先冷静下来，把问题弄清楚后，再一一解决呢？

很久以前，在印度有两个相邻的王国，两个国王各有一个王子，一个叫拉姆，一个叫萨依姆。可是，这两个王国积怨已久，几代人都是仇敌。两个年轻的王子也了解两个家族的矛盾，虽然很少见面，但内心都恨着对方。

有一天，拉姆骑马到山林中打猎，碰巧遇到了也来打猎的萨依姆。他们俩同时看到一只鹿，便争执了起来，最后在马背上拿着长矛打了起来。在争斗中，萨依姆一不小心从马背上掉了下去，长矛也掉了。此时，拉姆迅速地跳下马，把萨依姆压在身下，并拿着长矛对准了他。

处于弱势的萨依姆并不示弱，反而冲着拉姆大骂起来，这无疑激怒了拉姆，拉姆满脸通红，拿着长矛的手也在不停地颤抖。可就在这时，拉姆突然松开了萨依姆，扔掉长矛，说："你回去吧，我们改天再打！"说完，准备离开。萨依姆被拉姆的这一举动搞糊涂了，他赶紧站起来，问："你刚才明明可以毫不费力地杀了我，为何又放过我？"

拉姆平静地说："我想起了师傅的一句话，当你怒气冲天的时候，不要做任何事！"萨依姆非常感动。从此，两个家族化解了仇恨，两个王子也成了好朋友。

都说冲动是魔鬼，其实冲动不是魔鬼，真正的魔鬼是那颗躁动的失去理智的心。在上面的这个故事里，拉姆在关键时刻让内心恢复平静，不仅免于杀害一条生命，更化解了两个王国之间的世代仇恨，这就是"静"的力量。

有些人遇到矛盾就勃然大怒，表面上看处于强势，实则内心缺乏力量，他们正是试图通过外在的强大掩盖内心的弱小。其实，真正的强大就像平静的海水，表面上一副柔弱的样子，实则深处涌动着巨大的力量。

静，是一种修养，一种智慧，一种境界。人只有保持内心的平静，才能体悟生命的真谛，收获精彩的人生。一个能够静下来的人，他的人生才能够真正活得生龙活虎。总之，静是我们修身养性第一要义，它引领着我们抵达幸福的彼岸。

6. 看人生潮起潮落，守住自己的心

人生处于低谷时，情绪不好也是难免的，甚至出现一时的自甘堕落也是可以理解的，但是，在情绪得到释放之后，一定要让理性战胜感性，用一颗坚定的心把自己重新拉回到“爬坡”的道路上，无论多难，都要走下去。

没有谁的人生会是一马平川，人人都会经历成功与失败，喜悦与悲伤。准确地说，人生就像是一个潮起潮落的过程，今天你站在高处，明天就可能跌入低谷。当然，这也意味着，今天陷入失败深渊的你，也完全有重新站起来的希望，关键在于你能否守住自己的那颗心。

人生可以跌入低谷，心不能一起沉落。无论身处怎样的逆境，我们都应该怀抱希望，坚信只要不放弃，人生终究可以焕然一新。在这一点上，红遍大江南北的作家二月河为我们做出了最好的榜样。

他出生的时候，正赶上抗战胜利，父亲在欣喜之下，给他取名凌解放，谐音“临解放”。可是，几年之后全国解放，这个凌

解放却成为一个让父亲和老师都大伤脑筋的孩子——学习成绩实在太差，多次留级，直到 21 岁才勉强高中毕业。

高中毕业后，凌解放到山西大同当了一名工程兵。在那里，他每天都要到数百米深的井下去挖煤，脚上穿着长筒水靴，头上戴着矿工帽、矿灯，腰里再系一根绳子，在齐膝的黑水中摸爬滚打。听着脚下的黑水哗哗作响，抬头不见天日，他忽然感到一种前所未有的悲凉，自己的人生就要这样走下去吗？

他不甘心，所以每天从矿井出来，就钻进团部图书馆，什么书都读，甚至连《辞海》都从头到尾看了一遍。其实，那时的他心里根本没有目标，他只知道，如果再不努力，这辈子就真的没有翻身的机会了。所以只有读书，再读书……

书越看越多，他对古文产生了兴趣。在部队驻地附近有一些破庙残碑，他就利用闲暇时间把碑文记下来，回来潜心研究。这些碑文连标点符号都没有，非常晦涩难懂，但是他一点一滴地研究。就这样，在研究透彻一个又一个的碑文后，他的古文水平突飞猛进。这时候再回头去看《古文观止》，就觉得非常容易了。等到从部队退伍时，团部图书馆的书他也基本都看完了。

到地方参加工作后，他又开始研究《红楼梦》，因为基本功扎实，见解独到，很快成为全国红学会会员。一次参加“红学”研讨会时，专家学者们谈完曹雪芹，突然有人说，关于康熙皇帝的文学作品至今仍是空白，说者无意，听者有心，凌解放决定写一部历史小说。

这个时候，他在部队打下的扎实的古文功底就派上了用场，在研究第一手资料时，几乎没费吹灰之力。盛夏之时，他拼命地写啊写，几乎是水到渠成。1986 年，他以笔名“二月河”出版了第一部长篇历史小说——《康熙大帝》。从此，他满腔的创作热情，就像迎春的二月河，激情澎湃，奔流不息。而他的人生，也终于彻底走出低谷，迎来了高潮。

有句话说得好，“在人生低谷，只要你肯努力，无论朝哪个方向，都是向上的”。这就是“锅底法则”。所以，当年“二月河”处在人生低谷时，尽管他也不知道当时的努力是否会奏效，但他终究是在努力，所以无形之中就走在了一条上坡路上。

当然，说到底还是他的心态好，他在人生低谷时仍然守住了一颗积极向上的心，正是这样一颗执着的心，才让他迎来了人生的高峰。

其实，人都是有情绪的，人生处于低谷时，情绪不好也是难免的，甚至出现一时的自甘堕落也是可以理解的，但是，在情绪得到释放之后，一定要让理性战胜感性，用一颗坚定的心把自己重新拉回到“爬坡”的道路上，无论多难，都要走下去。

人生不可能都是艳阳天。在阴暗的日子里，即使没有别人的鼓励，自己也要给自己一点掌声，鼓励自己屹立不倒，勇往直前。乌云总有散去的一天，阳光灿烂的日子终可以再现。

7. 不畏将来，不念过往，活在当下

从现在开始，放下昨天的烦恼，放下明天的担忧，单纯快乐地投入此时此刻，也享受此时此刻。社会很残酷，生命很短暂，

人生可以没有成功，但却不能没有幸福。

在生活中，很多人都选择了一种“瞻前顾后”的活法——往前看，前程未卜，忧心忡忡；往后看，错误和失败不断，令人追悔莫及。这样的人，其实从来没有真正活过一分钟，因为他们不是活在过去就是活在未来，唯独忽略了当下。

其实，近几年来，“活在当下”的说法已经成为社会上非常热门的流行语，不仅世人推崇，就连很多大师，比如圣严法师、证严法师，也都在推崇这一生活理念，认为一个人只有活在当下才有意义。那么，活在当下到底意味着什么呢？不妨先来学习一个小故事吧！

有一只新组装好的小钟，被摆放到了两只旧钟当中。两只旧钟正在滴答滴答地走着，看到新来的小钟，其中一个旧钟说道：“来吧！你也该工作了，可我还真替你担心，一年要走完3200万次，你能做得到吗？”

“天哪，要走3200万次！”小钟一听，简直被吓坏了。它心想，“这么沉重的任务，我怎么能做得到！”

就在这时，另外一只旧钟对它说：“你可别听它的，不要担心，你只要每秒钟滴答一声，同时摇摆一下就好了。”

“就这么简单？”

“对，就这么简单！”

“如果是这样，那我试试看。”小钟很轻松地每秒钟“滴答”摆一下，不知不觉中，一年过去了，它顺利地摆完了3200万次！

人生就像一只钟，我们的心就好比是钟摆。对于很多人来说，心总是在过去和未来之间摇摆，因此总是活得很累。其实，我们都应该像这只小钟一样，一心一意活在当下，做好当下的每一件事情。佛家曰：“现在是因，未来是果。”那么，能够做好当下的人，自然就能收获一个美满的未来。

古希腊学者库里希波斯曾说过：“过去与未来并不是‘存在’的东西，而是‘存在过’和‘可能存在’的东西。唯一‘存在’的是现在。”所以，活在当下，这自然是一个非常明智的选择，但是，什么才是真正的现在？怎样才算真正的活在当下呢？

有一个施主向一位禅师求教，问：“修行的最高境界是什么？”

禅师很平淡地回答说：“饥来吃饭，困来即眠。”

这个施主听后很不以为然，反问道：“一般的人每天也是如此，这算什么修行？”

这次，禅师笑了，摇摇头说：“不，修行的人，吃饭的时候就是吃饭，睡觉的时候就是睡觉，而一般的人，吃饭的时候并不专心吃饭，脑子里左思右想，睡觉的时候也是一样。”

施主听完，连连点头。

一分一秒连接在一起，最终累积成为一个人的人生。所谓活在当下，从字面意思来看，就是活在“此时此刻”，而实际上，活在当下是指一种心态，一种全身心投入当下，并积极追求人生意义的良好心态。

真正活在当下的人，除了能够从过去和未来之中解脱出来，他还能够建立“一日一生”的观念，也就是能够把每一天都当作一生来度过，心怀“珍惜之情”和“警惕之意”，把有限的一天过得既快乐又充满意义。

想想看，你的一生是怎么度过的？年少的时候，拼命努力学习，要考进一所重点大学；进入大学后不久，又希望赶快毕业，好早一点去参加工作；工作之后，又迫不及待地结婚生子，盼望着孩子早一点长大；后来，随着孩子慢慢长大，你也老了，于是盼望着退休，希望退休之后可以颐养天年；等到真的退休了，想要好好喘口气，享受一下人生，却发现生命也快要结束了。

这种模式不正是绝大多数人的人生写照吗？奔波忙碌一生，却从来没有享受过一个真正属于自己的当下。

从现在开始，放下昨天的烦恼，放下明天的担忧，单纯快乐地投入此时此刻，也享受此时此刻。社会很残酷，生命很短暂，人生可以没有成功，但却不能没有幸福。不畏将来，不念过往，我们拥有的将是一个无比美好的当下。此时此刻，让我们尽情体验！

8. 做内心强大的自己

真正的强大永远来自内心，一个内心强大的人才是真正强大的人。做人一旦做到这种境界，他一定会有自己清晰的人生理想，他也一定无惧于任何挫折失败、流言蜚语，因为他就是他，他要成为自己想要成为的那个人。

在这个社会，每个人都承受着来自事业和家庭等多方面的巨大压力，如果一个人的内心不够强大，那么当他遭遇挫折，或者被人误解、伤害时，就会感到很受伤，甚至被绝望的情绪所困扰。

相反，如果内心足够强大，那么即使有再大的压力，即使遭遇再大的困难，即使全世界都背叛了他，他也依然能够淡然、坚定地走在自己选择的道路上。

佛陀为了让更多人脱离苦海，不辞劳苦，到处讲经。有一天，他在一个村庄给人们讲经结束后，准备去往另一个村庄，可是，在临走之际，这里的村民告诉他："您还是不要去那里，在去往那个村庄的途中要经过一个荒无人烟的地方，那里藏着一个强盗，他从来不会放过任何人，我们已经没有人敢从那里走路了。"

佛陀听后微微一笑，然后毫不迟疑地上路了。到了村民所说的那个地方，果然有一个强盗出现了。这个强盗凶恶地站在佛陀面前，但奇怪的是，在强盗与佛陀四目相对了片刻之后，强盗竟然丢掉了手中的武器，呆呆地站在那里。

佛陀看了一眼强盗，从容地与他擦肩而过。就在佛陀走过去的一刹那，强盗突然醒悟，追上佛陀，跪在佛陀面前，求佛陀收他为徒。

我们该怎样理解这个故事呢？因为佛陀内心非常强大，所以周身都散发着一种强大的能量，他的从容、平静无不是强大的象征。而在这样的强大之下，强盗就看到了自己内心的弱小，正是一颗强大的心征服了一颗弱小的心。

其实，这个故事还揭示了心理强大的深层含义——精神的强大才是真正的强大！在这一点上，哲学先驱苏格拉底是绝对的典范。

公元前 399 年，苏格拉底被雅典公民大会判处死刑，罪名是侮辱雅典神和毒害青年。这样的判决当然是不公平的，苏格拉底为自己做了无罪辩护，并表示坚决不妥协。

他的朋友到牢房中探望他，说已经安排好了一切，让他逃走，可是，苏格拉底毫不犹豫地拒绝了。

最后，当毒酒端来的时候，苏格拉底出奇地镇静，就好像要赴死的人不是他一样，他一饮而尽，勇敢赴死。在场的朋友们都流下眼泪，而他竟然还反过来安慰大家。最后，他安详地闭上了眼睛。

苏格拉底在死亡面前的异常冷静，彰显了他内心的无比强大，这种强大已经远远超出了常人的理解范围。毫无疑问，苏格拉底的心理强大来自他对哲学的信仰，那是一种思想和理性的强大力量。

反观现实，我们都在信仰些什么呢？

信仰金钱的人不在少数。一个有钱人在一个穷人面前，常表现出莫名其妙的优越感，这种优越感就是他们以为的“强大”。可是，当这个有钱人遇到一个更有钱的人后，他立马又觉得自卑了，瞬间从所谓的强大回归到弱小。显然，建立在金钱之上的强大并非真正的强大，而只是佯装的强大。

金钱如此，权利、地位、名誉等外在因素带来的强大也都一样，都是虚假的不堪一击的强大。我们的信念难道只能从外界来寻找吗？我们的人生必须用外在的东西来证明吗？有人说，人生就是要以貌取人！这样说虽然有几分道理，但终究过于短视。放长远来看，外在之物终会消亡，但留在内心的力量将帮你实现梦想，让你创造的成果长留于世。

真正的强大永远来自内心，一个内心强大的人才是真正强大的人。做人一旦做到这种境界，他一定会有自己清晰的人生理想，他也一定无惧于任何挫折失败、流言蜚语，因为他就是他，他要成为自己想要成为的那个人。

世俗意义上的贵族，不过是家财万贯罢了，精神意义上的贵族，即使一贫如洗也已经真正地拥抱了人生和世界。

第七章

每一个优秀的人都有一段沉默的时光

一个人要从平庸走向优秀，不可能一蹴而就，而是要经历一段沉默的时光。在这个世界上，能够到达金字塔顶端的只有雄鹰和蜗牛，雄鹰之所以能够到达，是因为它“天赋异禀”，不需要付出太多的努力，也不用经过太长的等待，而蜗牛能够到达，靠的就是长时间默默地坚持。

1. 伟大总是熬出来的

熬，是一种人生态度。在追求理想的过程中，每个人都难免会遇到各种困难和挑战，这种困难和挑战有时候大到让我们想要放弃，但一定要继续熬下去。

一个成功企业家说："当你要做一件你觉得伟大的事情时，首先要考虑的是你准备花多少时间，因为 1 年绝不可能伟大，如果是 20 年，还有机会。那么，这么长时间该怎么过呢？而且这个过程中肯定要面对各种困难和挫折，办法只有一个字——熬！"

这位企业家所说的"伟大"，从某种意义上说就是成功。也许，有些人可以靠背景或者天赋相对轻易地获得成功，但对于你我这些草根来说，走向成功的路必然是一个漫长的"熬"的过程。在人生的道路上"熬"着，这就好比攀登一座高山，越是气喘吁吁感觉坚持不住的时候，越要咬紧牙关挺过去，因为柳暗花明可能就在下一刻。

有这样一个人，他就是靠着“熬”的精神，最终迎来了人生的灿烂时光。

石悦是一个再普通不过的男孩。他出生在一个平凡的家庭，性格比较内向，从小学到大学，成绩也不算好，而且没有任何特长，在老师和同学，甚至是父母看来，他一直都是一个不被看好的人，大家都不认为他将来能有什么出息。

不过，石悦有一个爱好，就是痴迷历史。小学的时候，他就已经对历史故事很着迷了，那时他最爱的书就是《上下五千年》。即使是在学业繁重的中学时代，他也是抓住一切机会读历史。进入大学后，当别人沉浸在网络游戏或者恋爱中时，他仍然固执地钻进历史的天空，用一本又一本的历史书充实着自己。

大学毕业后，石悦顺利考取公务员。在这里，同事们都在用一张报纸、一杯茶打发着漫长慵懒的时光，可是，石悦仍选择钻进历史书中与各个朝代的人物相会。每天下班后，他就会把自己关在屋里，沉浸在那些刀光剑影的历史事件中，灵感来了，还会记写一些有趣的历史故事。

时间一久，大家都觉得石悦很另类，不抽烟不喝酒，不会友不泡吧，完全不像是“80后”的年轻人。可就是这样一个另类的年轻人，后来干出一件“惊天动地”的大事，就是超级畅销书《明朝那些事儿》的推出。

这本历史小说最初在天涯论坛和新浪网连载时，每月点击量都过百万，深受广大读者的热爱。石悦也靠着这本小说，几乎在一夜之间红遍网络和大江南北。很快，数家出版商争相找到他，要出版他的《明朝那些事儿》，而在该书出版之后，石悦更是名利双收，获得了人生的巨大成功。

石悦在网络上叫“当年明月”，后来，当人们知道大名鼎鼎的当红作者“当年明月”就是那个不起眼的小伙子石悦时，都大吃一惊。有记者采访他，问到成功的经验时，石悦说：“比我有才华的人，没有我努力；比我努力的人，没有我有才华；既比我有才华，又比我努力的人，没有我能熬！”

没错，就是靠着一种“熬”的精神，“当年明月”这个在别人看来资质平庸的人，获得了人生的巨大成功。在浩如烟海的历史书中，他孤独地走过近20年的时光，他的孤独无人能懂，他的成功自然也是我们预料之外的。

熬，是一种人生态度。在追求理想的过程中，每个人都难免会遇到各种困难和挑战，这种困难和挑战有时候大到让我们想要放弃，但一定要继续熬下去。

熬，是一种很复杂的心态，既有些许的无奈，也有不达目的决不罢休的坚忍和执着。熬不住的人半途而废，熬得住的人就能迎来人生的春天。

阿拉法特做了45年首领，仍然没有建立国家，但45年的坚持已经成为一种成就，一个传奇，一种伟大。这就告诉我们，时间是一个神奇的魔法师，在一个人成就伟大的过程中扮演着不可或缺的角色。所以，当我们想要成就伟大的事业时，很有必要准备好足够的时间成本，这种心理准备可以让我们避免急功近利、患得患失，也可以让我们着眼长远，能够更理性地布大局、成大事。

我们还年轻，即使一无所有，也还有时间，时间就是我们最宝贵的财富，当然，前提是我们懂得珍惜时间并善于把有限的时间发挥出最大价值。

2. 每一个优秀的人，都有一段沉默的时光

在漫长的沉默时光里，也许你感到痛苦，但一定要相信，有苦才有甜，生活不会辜负每一个拼命努力的人。或许，等到成功的那一天，你会被这段默默努力的时光感动得热泪盈眶，也在这段苦涩的时光里品味出奋斗的甘甜。

一个人要从平庸走向优秀，不可能一蹴而就，而是要经历一段沉默的时光。正所谓：“骐骥一跃，不能十步；驽马十驾，功在不舍。”同样的道理，沉默不是懦弱，更不是不作为，而是一种积极的选择。选择了沉默也就选择了执着。遇到失败不气馁，遇到不公不抱怨，只是一门心思奔着自己的目标去努力。

沉默的背后是一种强大的执着精神，无论当下状况多么糟糕，始终坚信自己可以抵达理想的彼岸。实际上，每一个优秀的人都有这样一段沉默的时光，沉默着，但也执着着。

虽然已经很努力，但她终于还是没能进入省女子足球队。考试结束后，所有落榜的女孩都在第一时间离开了，只有她，仍然默默地坐在球场边上看队员们训练。教练看到这一幕，忍不住走过去安慰她。

她抬起头，眼睛里含着泪水，说：“教练，您能留下我吗？”

教练很难为地说：“可是我们的主力队员已经够了。”

“那就让我做个替补队员吧，总得有人给主力队员拿衣服和送矿泉水啊！”

教练看到她坚持的样子，不解地问：“你为什么非要留下来呢?”

她说：“我想站在离成功最近的地方，在这里我随时都有机会成为主力队员，不是吗?”

听到这里，教练感受到这个女孩内心对于足球的深切渴望，终于答应让她留下来了。

在这以后，每当主力队员们在球场上进行训练的时候，女孩就默默地在球场下练球，从不间断。终于，她等到了期待中的一次难得的机会。

那是一次非常重要的比赛，前锋队员意外受伤，急需一名替补队员，万般无奈的教练只好让她上场。但是，出乎所有人的意料，她竟然在下半场连进两球，不仅让本队在比赛中获得胜利，更让自己一战成名。这个默默努力坚持，终于成为足球名将的女孩就是后来的女子足球世界杯金靴奖得主——孙雯。

其实，很多人的人生都是这样，不可能一开始就一帆风顺。如果暂时没能得到想要的机会，不如就留在离成功最近的地方。这样也许要经历一段漫长的等待时光，可只要机会来临，就能够在第一时间把它紧紧抓在手里。当然，一个重要的前提是，你在这段沉默的时光里要很努力地提升自己，而不是虚度时光。虚度时光的人，永远也等不到属于自己的机会，即使等到了也没办法抓住。

没有一个人的成功可以轻而易举，每个人在获得成功之前都要经历一段默默奋斗的时光。在这段时光里，没有人支持你、帮助你，甚至还有一堆人怀疑你、打击你，那是一段孤独的黑暗时光。但是，正是这样一段令人煎熬的时光在孕育着成功，每一天的坚持和进步，都让你离成功更近。成功，也许不是在今天，也不是在明天，但只要不放弃，你总能等来属于你的阳光灿烂的那一天。

有一次上课时，苏格拉底布置了一道作业，让他的弟子们做一件事，每天把手甩一百下。一个星期后，他问有多少人现在还坚持做了的，百分之九十的人都坚持做了。一个月后，他又问，现在只有一半的人了。一年后，他再问，现在只有一个人坚持下来了，那个人就是柏拉图。

其实，世间最容易的事就是坚持，最难的事也是坚持。说它容易，是因为只要愿意做，人人都能做到；说它难，是因为真正能够做到的，终究只是少数人。或者说，难的不是坚持本身，而是拥有并保持强大的意志力，熬过那些沉默的时光。

我们常说“成功在于坚持”，说得多了，让人觉得这似乎是一句废话，而实际上，这是一个并不神秘的秘诀。那些急于求成的人，往往难以承受失败的打击，因为他们并不相信未来，相反，那些在默默之中坚持着的人，恰恰拥有最强大的毅力和信念，因为相信未来，所以不问现在的成败。

在漫长的沉默时光里，也许你感到痛苦，但一定要相信，有苦才有甜，生活不会辜负每一个拼命努力的人。或许，等到成功的那一天，你会被这段默默努力的时光感动得热泪盈眶，也在这段苦涩的时光里品味出奋斗的甘甜。

在这个世界上，能够到达金字塔顶端的只有雄鹰和蜗牛，雄鹰之所以能够到达，是因为它“天赋异禀”，不需要付出太多的努力，经过太长的等待，而蜗牛能够到达，靠的就是长时间默默地坚持。我们之中，有多少人是雄鹰呢？如果知道自己不是雄鹰，那么就早一点认清现实，做好当蜗牛的准备，默默地坚持和等待吧！

3. 当你足够优秀时，你想要的一切都会主动来找你

与其花时间在认识更多人上面，不如花时间来提升自己。当你还是一只丑小鸭时，人人无视你，远离你，当你成为一只白天鹅时，各种人脉和资源也就不请自来了。

有人说，这个世界上没有雪中送炭，只有锦上添花。这话虽然说得有些绝对，但也阐释了一个很重要的现实逻辑：当一个人不够优秀时，他想要的机会、人脉、资金等各种资源都很难获得，相反，当一个人足够优秀时，这一切都会来得容易得多，甚至会主动送上门来。

很势利，对吗？没错，现实社会就是这么势利。当我们还是一个一无所成的草根时，千万别对要什么没什么感到奇怪，更不要为此大动肝火。这是一个崇尚价值交换的社会，吸引一切有价值的资源的前提，是你自己首先要有价值。所以，我们唯一应该做的就是不断努力，让自己变得足够优秀。

有一个不够优秀的人说“同学会是这个世界上最恶心的发明”，你猜，他在同学会上遇到了什么？

他，上学时是班里的学习委员，学霸，人缘也极好。上周去参加同学聚会，去之前，他内心充满了期待，要和这群多年不见的兄弟姐妹，好好缅怀一下热血沸腾的青春岁月，顺便打听一下

有什么新的工作机会，因为他所在的杂志社就要关门了。

可是没想到，在同学聚会上，当同学们听说他只是一家濒临倒闭的杂志社的普通编辑时，寒暄了几句就离开了。原来，在整个聚会的过程中，同学们都在围绕着一个人转，那就是29岁的律师事务所合伙人。要知道，此人上学时可是一个相貌平平、成绩平平，人缘更是平平的人。就连班上几个已经是创业公司老板的同学，也都在跟这位律师同学称兄道弟。

参加完同学聚会回来，他在朋友圈写下一句话：同学会是这个世界上最恶心的发明！

这样的同学会很恶心吗？在“他”眼里无疑是的，但是在其他同学眼里，特别是这位备受“宠爱”的律师同学眼里呢？应该很美妙吧！

同学会本身就是一场聚会而已，只不过，它在不同人的眼中会呈现出不同的风景，而这与个人的能力、身份和地位密切相关。实际上，一个“同学会”就好比一个缩小版的“大社会”，在这个“大社会”中，一个人所能看到的“风景”和他所能吸引到的“资源”也遵循同样的逻辑——当你足够优秀时，你才能得到你想要的一切！

让我们来看看沈南鹏的故事：

1989年7月15日，从上海交通大学数学系毕业的沈南鹏抵达美国纽约，这年他21岁，怀抱着成为数学家的梦想，准备到哥伦比大学读书。可是，1年之后，他发现自己不能成为一个很好的数学家，于是退学，转而去了耶鲁大学读MBA，准备向证券、商业等方向发展。两年之后，沈南鹏又回到了纽约，这一次，他带着一个MBA学位和一张中国人的面孔，去华尔街寻找未来。

可是，此时的他一无所有，没有工作经历，更没有创业经验，没有人愿意给他这个“菜鸟”机会。那段时间，他一个接一个公司去应聘，但都失败了。最后，花旗银行给了他一份普通的银行投资工作。那是一份竞争性很强的工作，他每天都在担心是否会丢掉工作。

如今的沈南鹏，早已经麻雀变凤凰。现在被叫作“投资家”的沈南鹏拥有多重身份，他的头衔包括“如家酒店连锁联合创始人及联席董事长”“携程旅行网联合创始人及董事”“分众传媒董事”。当然，他最重要的一个身份还是“红杉资本中国基金创始及执行合伙人”。集众多身份于一体的沈南鹏，再也不用去寻找资源和人脉，而是有太多的资源和人脉主动来找他，甚至来求他。

从沈南鹏的经历中可以看到，一个人在平庸和出色的不同人生阶段，会面临截然不同的境遇。这也正印证了现在网络上的一个热门观点：“人脉不是追求来的，而是吸引来的。”在很多人眼里，建立人脉要靠主动，甚至讨好和巴结，但结果往往费力不讨好。反其道而行之，其实效果更好，就是通过让自己变得足够优秀，以此来成为吸引别人的焦点。

没错，与其花时间在认识更多人上面，不如花时间来提升自己。当你还是一只丑小鸭时，人人无视你，远离你，当你成为一只白天鹅时，各种人脉和资源也就不请自来了。

早在 1974 年，心理学家霍曼斯就提出这样一种观点：人与人之间的交往本质上是一种社会交换，这种交换跟市场上的商品交换所遵循的原则是一样的，即人们都希望在交往（交换）中得到的不少于付出的。

我们中国有句古话叫“交友强于己”，阐述的也是同样的道理。所有这些其实都在告诉我们，当一个人不够优秀时是最容易抱怨的时候，但也是最没资格抱怨的时候。花费时间在抱怨上，只会让自己的境况更加糟糕，花费时间在自我提升上，才是明智的选择。

4. 自卑是可以化成动力的

有一些人，他们曾非常自卑，为何最后却扭转局面，做出了不小的成就？答案很简单，因为他们能够化自卑为动力。自卑，看似是一个很负面的东西，实则潜藏着巨大的能量。

良好的心态是取得成功的重要前提，因为无论遇到多大的困难，只要保持一个好的心态，积极地去面对，就一定能够找到解决问题的办法。但遗憾的是，很多人在前进的道路上被一个叫作“自卑”的东西牵绊着。因为自卑，他们不相信自己能够做到，更没有勇气去抓住近在眼前的机会。

其实，这世界上并没有绝对自信的人，每个人的内心多少都有一些自卑。读过下面这个故事，你就会相信。

美国有部电影叫《金牌庄逊》，电影里的主人公庄逊就是一个看似绝对自信的人。有一次，庄逊参加奥运会滑雪前，接受记者采访，面对记者“谁将获得第一名”的问题，庄逊表现得信心十足，说：“你这个问题问得太傻，你应该问，谁将获得第二名，因为第一名当然是我！”

庄逊所展现的，是一副“非我莫属”的绝对自信。可是，谁能知道，当他回到家后，却满脸担忧地问女友：“万一我拿不到第一名怎么办？”

原来，看似绝对自信的庄逊，其实内心也藏着不为人知的自卑感。天下无人不自卑，这是绝对的事实。这个结论可不是我下的，而是奥地利著名心理学家、个体心理学创始人阿德勒研究得出的。

那么，几乎人人都心怀自卑，为何有的人能够走向成功，有的人却在自卑的泥潭里越陷越深，一无所成呢？甚至还有一些人，他们曾非常自卑，为何最后却扭转局面，做出了不小的成就？答案很简单，因为他们能够化自卑为动力。自卑，看似是一个很负面的东西，实则潜藏着巨大的能量。

央视著名主持人白岩松，就是一个善于化自卑为动力的人。

那一年，白岩松从一个不知名的北方小城考进了北京的大学，开学第一天，他同桌的女同学问他：“你从哪里来？”这个问题是白岩松最忌讳的，因为在他看来，出生于小地方就意味着没见过世面。

就因为这一问，他整整一个学期没敢再和这个女同学说过话。不仅如此，由于被自卑困扰，白岩松不善交际，一个学期结束时，班里的很多同学都还不认识他。整个大学期间，白岩松都是在自卑中度过的，以至于每次照相时，他都要戴上一个大墨镜，以掩饰自卑的内心。

不过，白岩松并不是一个任由自卑主宰的人，他在努力地抗争，特别是在进入央视之后，每做一件事情的时候，他总是比别人多用十二分的力气，力求做到最好。他相信天道酬勤，更相信付出总有回报。就是靠着这样的努力，他终于成了今天的知名主持人，而且是镜头前自信满满的一位主持人。

可见，自卑是可以转化为动力的。除了白岩松，这样的人物其实还有很多，物理天才霍金、音乐大师贝多芬等，无不是化自卑为动力的典范。

那么，为什么他们能战胜自卑，我们之中很多人却不能？

其实，导致一个人无法战胜自卑的原因有很多，其中最重要的一个就是心态问题——不能以正确的心态看待自卑！在这些人眼里，自卑是一件羞于启齿的事情，而不是一种“合理”的存在。实际上，每个人都不是完美无瑕的，从这个意义上讲，每个人内心都有自卑感，只是程度不同罢了。这就告诉我们，大可不必对自卑“羞于启齿”。而能否正确认识自卑，就是战胜自卑的第一步，也是最为关键的一步。

知道心理学家怎么定义自卑吗？心理学家说，自卑心理是一种对自己“缺乏正确的认识”，在社交、工作、生活中总认为不如别人，不能良好地发挥自己的优势。没错，你的自卑很可能只是一个“认识”问题，极有可能是你“觉得”自己不够好，或者不如人，而并不是你“真的”不够好或者不如人。

直面自卑，同时做到尽量客观地认识自己，这是战胜自卑的两个关键点，一个人如果做到了这两点，再把自卑转化为动力，也就不是难事了。自卑和自信只有一层窗户纸的距离，就看我们是否有勇气捅破它。

自卑让人痛苦，让人止步不前，唯有化自卑为动力，不断提高自己，才能有所成就，从而真正地走出自卑。

5. 可以苦闷、可以失落，但不可以内心空虚

很多时候我们感到空虚，恰恰是因为我们空闲时间太多。一个人要充实自己，一定要让自己忙起来。我们宁可苦闷、失落，也不可以让自己空虚。空虚是蛀虫，蚕食着我们鲜活的生命，让我们不知不觉成为一具丧失希望和价值的“行尸走肉”。

从物质上来说，现代人的生活基本上走出了匮乏，但这并不代表我们的生活就是充实的、美好的，虽然丰富的物质生活可以让我们得到很多，但精神上的空虚依然存在，依然困扰着很多人。甚至有些人，物质上越丰富，精神上反而越空虚。

其实，人生路上失意总是难免的，但无论得意时还是失意时，最重要的就是不要让自己陷入空虚之中，生命是短暂的，时间是宝贵的，容不得我们挥霍浪费。每个人都应该学会通过读书、看电影、交朋友，或者周游世界来不断地充实自己，让自己在精神上更加充实，也更有高度，才能让未来的自己充满能量。

有个叫马利安·道格拉斯的人，不幸的是，他失去了5岁的女儿。更加不幸的是，10个月后，他再次失去一个女儿，一个仅仅在这个世界上活了5天的女儿。接连的打击让这位父亲吃不下睡不好，对生活的信心也丧失殆尽。

有一天，4岁的儿子缠着他，非要让他造出一条小船。他实在没有心情，可是小家伙很缠人，没办法，他只好给儿子造船。这一天，造这艘玩具船花费了他将近3个小时的时间，当完成

时，他突然发现，这 3 个小时也是这段时间以来他感到最轻松的时刻。他如梦初醒，意识到自己应该让生活充实起来。

从第二天开始，他为自己列了一个清单，一方面是修理家里所有需要修理的东西，同时，晚上还到纽约市参加成人教育班，不断学习进步。周末还去当志愿者，协助红十字会和一些慈善机构募捐。

他简直忙得没有时间去忧虑了。就这样，他从沮丧中走出来，重新走上了美好生活的轨道。

必须承认，很多时候我们感到空虚，恰恰是因为我们空闲时间太多。比如做着早已经驾轻就熟的工作，感到百无聊赖，空虚至极。一个人要充实自己，一定要让自己忙起来。我们宁可苦闷、失落，也不可以让自己空虚。空虚是蛀虫，蚕食着我们鲜活的生命，让我们不知不觉成为一具丧失希望和价值的“行尸走肉”。

失意的人生需要充实，进而在充实自己的过程中重新找回希望和信念。不曾遭遇挫折的人生同样需要充实，因为充实是人生最好的境界，充实的人能够放平心态，能够正确看待人生得失。充实是一种人生境界，一种精神财富。

至于充实人生的方式，每个人都可以选择自己需要和喜欢的。你可以选择读书来充实自己。书是知识的源泉，通过阅读各种书籍，你可以获得精神上的巨大提升。现代社会发展速度越来越快，更要求我们多读书，紧跟社会前进的脚步。当读书成为一种习惯，你会发现，内心不仅充实，而且淡定、灿烂，充满了向上的力量，因为任何心中的困惑都可以在浩瀚的书海中找到答案。古话说，腹有诗书气自华，或许我们做不到气自华，但却可以做到一份淡定和从容。

你也可以选择旅游来充实自己，在周游各地的过程中，开阔眼界，提升品位，甚至交下很多朋友。或者，你可以参加各种学习班、俱乐部来充实自己，在交友的同时增长见识。正所谓“近朱者赤、近墨者黑”，一个想要使人生充实的人也应该多接触那些人生充实的人，远离那些在空虚中度日的人。

不过，我们也应该明白，充实自己是一个漫长的过程，绝不是今天读了一本书，明天就可以“气自华”。只要你选择了充实自己、提升自己，日复一日，你会发现自己正在逐渐变得与以往不同。万事万物都要遵循一个循序渐进的规律，日日精进，终见成效。

有一种竹子，在最初的 5 年里看不到任何变化，到第 6 年的时候，却开始以每天 60 厘米的速度疯长，一直长到 30 米。竹子的这一变化正可以折射出人的成长，人生的低落时期就好比竹子的前 5 年，虽然没有惹人注目的成绩，但却在默默地积蓄力量，等待有朝一日的“疯长”。

毋庸置疑，每个人的一生都会承受压力，面对失败，甚至忍受千般煎熬，这正是人生的残酷真相。但是，有的人在沉默中腐烂，有的人却在沉默中爆发，区别只在于一个人的内心是否足够强大，强大到无论多么失落仍然能够坚定前进的方向。

大千世界，我们都在演绎不同的自己，或许今天我们很平淡，甚至很失落，也没有任何人的认可和赞赏，但是不要紧，只要默默地提升自己，总有收获成功的那一天，到那时，我们定能绽放出最好的自己，赢得整个世界的喝彩。

6. 坚持做你自己，而不是被别人修改得面目全非

人生短暂，成败不是给别人看。或者可以说，人生最重要的不是成与败，而是能否坚持做自己。坚持做自己，也许今天，你默默无闻，但总有一天，你会靠着在这默默无闻中积蓄的力量惊艳世界。

人活着很容易陷入两大误区，一个是活给别人看，一个是活着看别人。看似简单的两句话，揭示了一个深刻的人生道理——我们都应该为自己而活，坚持活出真正的自己！

不过，坚持做自己并不是一件容易的事情，因为从出生开始，到上学、工作，这一路走来，总是不断有人对着我们“指指点点”，希望把我们修改成他们喜欢的样子。虽然有时他们也是出于好心，但却不是我们所期待和喜欢的。那么，是坚持做一个真实的自己，还是成为一个被别人修改得面目全非的人？你能抵抗得住世俗的压力吗？

《星光大道》上曾有一个叫刘向圆的选手，面对被人意欲对自己进行“修改”的尝试，坚决地选择了“不”。

刘向圆是河北承德宽城县一位普通的仓库管理员。她在工厂废旧物资回收站的岗位上，十年如一日地坚守着。仓库里平时没人，她就把仓库当成舞台，尽情地唱歌，她想，要唱出个样儿给自己看。

后来报名参加《星光大道》，在闪亮登场之前，主持人建议

她换一身演出服，可是，她憨厚地一笑，说：“这样挺好的，我不穿给谁看，自己感觉好就行。”在她的心里，她是穿给自己看的，自己舒服就行。

接下来，她演唱的《永远跟党走》《我爱你，中国》感染了全场的观众，赢得喝彩一片。对于这位来自“仓库”的民间歌手，人们油然生出敬意。她果真在人们的心中烙下了个独特的形象，展现了一个真实的自我。

后来，她被破格录取为月赛的挑战者，这一次上场，她依然身着蓝色工作服，脚穿黄球鞋，梳着随意的发型。面对观众，主持人解释说：“上台前一直在劝她换一件演出服，可是她就是不换，她说，我就是一个仓库保管员，我喜欢本色演出！”而当主持人问她想挑战哪一位时，出乎大家意料，她真诚地说：“我就想挑战我自己，行就上不行就下呗。”

一曲《活出个样儿给自己看》，她那圆润明亮的音质，再一次征服了现场的观众。最终，她实现了《星光大道》5 年来第一次的大逆转，夺得年度总决赛季军。

刘向圆在《星光大道》获得成功后，被人们亲切地称为“中国的苏珊”。刘向圆这种坚持做自己的个性，无疑在她的成功道路上起到了很大作用。在她眼里，唱歌是为了唱出自己，挑战也是为了活出自己。事实证明，在世俗的规则和压力面前，她真正做到了坚持自己的真实个性，活出了自己的样子。

现实之中，有多少人是为了活出个样子给别人看，给父母看，给亲戚朋友看，或者是给那些曾经瞧不起自己的人看。这样的活法其实很累，不是吗？不得不说，这是一种虚伪和虚荣的活法，也是一种死要面子活受罪的活法。也许，在这个过程中你会得到很多，包括旁人的羡慕和称赞，但你也丢失了生命中最宝贵的东西——你自己！一个人活着如果连自我都丢失了，活着的意义又是什么呢?

为别人活着是一种负担，为自己活着是一种智慧。人只有真正选择了坚持做自己，才能活得坦然，活得自信，不在乎旁人的指指点点，甚至对别人的冷嘲热讽也能做到不生气、不计较。

有一位西方作家说："每一阵批评的风都会把我们吹得不知去向。"其实何止是批评的风，溜须拍马的风、指责嘲笑的风，也会把我们吹得不知去向，不知道自己是谁了。从这个意义上讲，在我们一路成长的过程中，总是要与一些风风雨雨相伴而行，所以，只有从内心打定主意做自己，无论遇到怎样的诱惑和考验都决不动摇，我们才能守住自己的心，也守住自己的人生。

人生短暂，成败不是给别人看。或者可以说，人生最重要的不是成与败，而是能否坚持做自己。坚持做自己，也许今天，你默默无闻，但总有一天，你会靠着在这默默无闻中积蓄的力量惊艳世界。到那时，你身上曾经所有被称作"缺点"的东西，都会成为熠熠闪光的财富。

7. 活在别人的掌声中，是禁不起考验的人

在人的一生中，没有掌声的时间要远远多于享受掌声的时刻，人们总是更喜欢把掌声送给那些站在成功舞台上的人。可是，因为没有别人的掌声我们就不前行了吗？就不为自己的理想

而奋斗了吗?

你喜欢掌声吗?那些站在舞台中央得到全场热烈掌声的人，是不是很令人羡慕?得到来自别人的掌声，这无疑是一件大好事，因为掌声之中包含了别人对我们的认可和赞美。可是，如果一味地活在别人的掌声中，又意味着什么呢?

在郭敬明执导的电影《小时代》中，来自台湾的女演员郭采洁饰演了一位压倒一切的女王，可谓霸气十足。可是，现实之中的郭采洁并没有那么强势和自信，在接受记者的采访时，郭采洁更是直言:“自信主要来自别人的掌声!”

听到这样的回答，我们不禁为郭采洁捏了一把汗，如果哪一天她失去了观众的掌声，她又将向何处寻找自信呢?

来自别人的掌声是我们的自信得以建立的一个重要因素，但绝不应该是主要因素。要知道，掌声是别人的，今天可以给你，明天就可以拿走。活在别人的掌声中，等于活在别人的眼光和评价中。人只有活在自己的心中，才能经得起这人世间的种种残酷考验。下面这个故事为我们指明了一个前行的方向:

释尊晚年时，有一天在郊外行走，却病倒了。等到释尊渐渐恢复之后，弟子阿南对师傅说:“师傅，您当时病倒后，我真是觉得天昏地暗，都不知道该怎么办了，只好安慰自己说，师傅不把大事交代清楚是一定不会离我们而去的。”

释尊说:“阿南，你在期待什么大事呢?我平时对你们毫无保留，该说的与该教的，都已经传授给你们了，我的临终之言就是我平时所说的一切。”

释尊还对阿南说:“阿南，从现在开始，你要点燃自己心中的明灯，要依靠自己，绝不可依赖他人，你应该把我的教诲当成指路灯，仅此而已，万万不可把我当作不可缺少的依赖。”

一个古老的故事，阐述了一个深刻的哲理，更是为我们指明了一条智慧的道路。一个人活着，绝不可过分地依赖别人。当然，这并不是说我们要保持绝对的孤立，甚至孤傲，而是告诉我们，要做一个内心独立和强大的人，凡事有自己的判断和主张，力求进入“独坐大雄峰”的自在境界。

有人说，年轻人更喜欢掌声。其实，谁不喜欢掌声呢，只不过人在年轻的时候，由于还没有形成自己的思想体系，更喜欢通过别人的评价来评价自己罢了。而等到经历更多，也有一定的成就之后，才会懂得，真正的自信是别人给不了的，只有内心自生自长的自信才是打不倒、磨不灭的。

马云当年创业的时候，有掌声吗？没有，他找到 24 个人，描绘了自己的宏伟蓝图，结果 23 个人反对，1 个人说可以试试看，不行就撤。可是，马云依然选择了创业，因为他相信的是他自己。

俞敏洪当年创业的时候，也没有掌声。因为私自办学，他被北大无情地踢出校门后，全身心投入到新东方的创办中，不过，彼时的新东方就是一个小小的英语培训班而已，俞敏洪每天都要亲自去贴小广告，甚至还因为争夺广告位和别人发生“战争”。那一段孤独的路，不要说掌声，连一个鼓励的眼神都找不到，可是，他依然执着地前行，他相信总有赢得掌声的那一天。

这些成功人士的故事告诉我们，人生，永远都不是因为有了掌声才精彩，而是因为活得精彩才能赢得掌声。

在人的一生中，没有掌声的时间要远远多于享受掌声的时刻，人们总是更喜欢把掌声送给那些站在成功舞台上的人。可是，因为没有别人的掌声我们就不前行了吗？就不为自己的理想而奋斗了吗？当然不，我们都应该学会为自己鼓掌，鼓舞自己为理想坚持不懈地走下去，直到硕果累累的那一天。

掌声让人沉醉，也很容易让人迷失自己，而没有掌声的清冷日子，反而让人深思，知道自己是谁，知道自己该往哪里去，也知道自己应该付出怎样的努力。

8. 耐得住寂寞，守得住繁华

在这苍茫红尘之中，我们每个人都是一个孤独的行者，但不同的是，有的人能够忍受寂寞，甚至享受寂寞，最终在寂寞里开出花来。走在寂寞的岁月里就好比发酵，有人酿出了醉人的美酒，有人却只剩下一锅腐臭的烂汤。

大凡成功之人，都经历过一段没人支持、没人帮助的孤独岁月，那样的一段日子，让人感到寂寞又无助，但恰恰是在这样的一段时光里，他们得以沉淀自我、提升自我，最终创立了一番事业。正所谓，耐得住寂寞，才能守得住繁华，很多成功人士都是从寂寞时光里走过来的。

在新版《三国演义》电视剧中，司马懿有一句台词令人印象深刻，他说：“我挥剑只有一次，磨剑却用了几十年！”这句话颇有深意，正道出了司马懿的成功哲学。可以说，他是“耐得住寂寞”的典范。

司马懿才智过人，但是，曹操用他只是为了抵抗外敌，并不把他真当自己人。明知司马懿不可信，却不得不用，所以，曹氏家族处处防备他。对于这一切，司马懿当然也是心知肚明，因此，面对职位和权力的得而复失、失而复得，不会像寻常人一样感到苦闷，而是能够平静地接受。

曹氏用人之际，司马懿便挺身而出，效犬马之劳。一旦大功告成，司马懿也绝不贪恋权位，常以身体抱恙为由主动请辞。

几十年如一日，司马懿默默忍受，在寂寞中修炼着。终于，他趁着曹爽大意出城的空当，从寂寞中爆发，先下手为强，赢得了天下。

试想，如果不是司马懿在寂寞中隐忍不发，又怎么能得到后来夺取天下的最好时机？恐怕早就被曹氏给拿下了。可见，做人要耐得住寂寞，只有在寂寞中潜心苦练，才能实现心中的目标。

纵观历史，很多牛人大都是如此，正所谓“十年寒窗无人问，一举成名天下知”。要想把成功揽入怀中，首先要耐得住寂寞，这是无数前人的成功经验浓缩成的真理。

一本《物种起源》让达尔文流芳百世，可是谁又知道，为了写这本《物种起源》，他默默研究了 22 年的时间。22 年里，一个人孤独地探索着未知的世界，那是怎样的寂寞？一本《本草纲目》，也让李时珍家喻户晓，可是谁又知道，在这本传世的医学经典诞生之前，李时珍花了 31 年的时间，一个人走遍天南海北，寻遍高山峻岭。

做人要耐得住寂寞，才能迎来繁华，就好像一粒珍珠的诞生，也要历经磨炼。

很多年前，有一个养蚌人，他打算培育出一颗世界上最大最美丽的珍珠。于是，他来到沙滩挑选沙粒，他问沙粒们："你们谁愿意变成一颗美丽的珍珠?"可是，沙粒们都摇摇头表示不愿意。

天快要黑了，养蚌人几乎绝望了，就在这时，终于有一粒沙答应了他。此时，旁边的沙粒都取笑这粒沙很傻，说它简直就是痴心妄想。因为成为珍珠是一个漫长的过程，要去蚌壳里住，深藏海底很多年，远离亲人朋友不说，还见不到阳光雨露，享受不到明月清风，甚至还缺少空气，只能与黑暗、潮湿、寒冷、孤寂为伴，实在是太不值得了。但尽管如此，那颗"傻傻"的沙粒还是无怨无悔地随养蚌人去了。

几年之后，那颗沙粒已经蜕变为一颗晶莹剔透、价值连城的珍珠。它整日周游列国，在让人们欣赏自己的美丽的同时，也赢得了人们的尊重和赞美。而曾经嘲笑它的那些伙伴们，却依然是一堆沙粒，有的已风化成土。

一粒沙，经过寂寞之中的蜕变，终于变成光彩照人的珍珠。也许，今天的你也是一粒不起眼的沙，但只要你能耐得住寂寞，能穿越黑暗与苦难的长长隧道，也终有变身为"珍珠"的那一天。

台湾著名作家刘墉曾经说过，年轻人要过一段"潜水艇"似的生活，经历一段时间的隐形，找寻目标，耐住寂寞，积蓄能量，日后方能毫无所惧，成功地"浮出水面"。说的也正是一样的道理。

其实，在这苍茫红尘之中，我们每个人都是一个孤独的行者，但不同的是，有的人能够忍受寂寞，甚至享受寂寞，最终在寂寞里开出花来。但也有一些人，他们不甘寂寞，走上急功近利甚至自甘堕落的道路。或者可以说，走在寂寞的岁月里就好比发酵，有人酿出了醉人的美酒，有人却只剩下一锅腐臭的烂汤。

在现代社会，对金钱的崇拜和成功的渴望，让很多人变得越来越浮躁，不能沉下心来学习和进步，一心想着走捷径。其实，成功的路上没有捷径。世间自有公道，付出才有回报。

第八章

残酷人生修行课——乌云背后的幸福线

下雨时，我们总以为阳光不见了。其实，这个时候坐上飞机，飞行到高高的云层之上，你会发现阳光依然灿烂，只不过是躲在了乌云的后面而已。人生也是一样，总要经历各种起起落落。低落的日子就像阴郁的天气，但绝不可放弃，因为在这人生的“乌云”背后还有灿烂的“阳光”。

1. 每朵乌云背后都有阳光

人生的低谷，人人都会遇到，有些人最终冲出低谷迎来了人生的巅峰，关键就在于他有一颗坚定的心。相反，很多人之所以永远地被困在了低谷之中，大都是因为他们不相信自己可以走出来，不相信乌云的背后还有阳光。

下雨时，我们总以为阳光不见了。其实，这个时候坐上飞机，飞行到高高的云层之上，你会发现阳光依然灿烂，只不过是躲在了乌云的后面而已。人生也是一样，总要经历各种起起落落。低落的日子就像阴郁的天气，但绝不可放弃，因为在这人生的“乌云”背后还有灿烂的“阳光”。

有段经典的台词是这样说的：“人的一生是一条上下波动的曲线，有时候高，有时候低。低的时候你应该高兴，因为很快就要走向高处，但高的时候其实是很危险的，你看不见即将到来的低谷。”所以，人生的“乌云”并不可怕，挺过去就是阳光灿烂的日子。

乔治的父亲年轻时是一个拳击手，还曾多次拿下冠军的奖杯，如今年老力衰，卧病在床。有一天，父亲对乔治说起了他第一次得冠军的故事。

在那次比赛中，父亲遇到了一个身材魁梧的对手，而父亲因为个子矮小，始终没有反击的机会，还被对手打倒，连牙齿都出血了。休息的时候，教练鼓励父亲说："辛，你一定能坚持到12局！"听到教练的鼓励，父亲说："嗯，我相信能应付得过去！"

在接下来的比赛中，父亲在场上跌倒了又爬起来，爬起来后又被打倒，虽然一直没有反攻的机会，但他却咬紧牙关坚持到了第12局。眼看第12局就要结束了，这个时候，对手也已经打得精疲力竭，手都在颤抖了。父亲意识到反击的机会来了，他用尽全力，给了对手猛烈的一击，对手倒下，他赢得了拳击生涯中的第一枚金牌。

讲完这个故事，父亲对乔治说："其实就是一点点痛，我应付得了。"此时，乔治的内心被父亲深深震撼，也永远记住了父亲这句话。

后来，在经济危机的日子里，乔治和妻子都失业了，但是为了生活，他们每天都出去努力地找工作，虽然晚上回家时都是望着彼此摇头，但他们从不放弃，而是相互鼓励说："亲爱的，我们能应付得过去！"就这样，他们终于找到工作，让一家人的生活又回到了富裕和幸福之中。

再后来，乔治把这句"我应付得过去"视作"传家宝"，传给了一代又一代的子孙。

我们在人生的道路上都难免遇到挫折，甚至是看似令人绝望的深渊，但一切的困难也只是看上去很吓人而已，此时只要咬紧牙关，坚定信念——我一定能应付得了！我们就真的可以挺过去，走出阴霾，拥抱阳光。

人生的低谷，人人都会遇到，有些人最终冲出低谷迎来了人生的巅峰，关键就在于他有一颗坚定的心。相反，很多人之所以永远地被困在了低谷之中，大都是因为他们不相信自己可以走出来，不相信乌云的背后还有阳光。其实这告诉我们一个极为重要的人生哲理——人生低谷不可怕，心灵的谷底才是最要命的。

在一个寒冷的冬天，有一头驴子，它累极了，连走回驴圈的力气都没有了。天气非常寒冷，道路上布满了积雪。

驴子想："我要停下来休息一下！"想着，它就卧倒在地，准备睡一觉。这时候，一只燕子飞到它的身边，对着它的耳朵说道："驴子，你别睡，这不是大街，这是结冰的湖面！"可是，驴子实在太累了，它没有理会燕子的提醒，很快就睡着了。

驴子的体温一点一点把冰融化了，最后，"咔嚓"一声，冰裂开了，驴子掉到了冰冷的湖水中。此时，不会游泳的驴子奋力挣扎，心中懊悔不已，心想，"要是早一点听从那友善的燕子的忠告就好了"。

人生中遭遇失败，或许让你感到灰心失望，疲惫不堪，但是，这远远不是人生最可怕的事情，丢掉那颗积极向上、永不放弃的心，才是人生最可怕的事情，因为心若放弃，人生就只能永远被困在乌云之中了。

演员陈坤曾说过："生命很可笑，现在很风光不一定将来就能怎么样。”其实反过来也是一样的，现在不怎么样，未来也可能很风光。陈坤本人不就是最好的说明吗？他从重庆的一个贫困家庭走出来，在很长一段时间里被贫穷困扰着，一心想的都是怎么赚钱，可是现在，他在演员的这条道路上已经名利双收。

没有走不出的乌云，没有触不到的阳光，就看你够不够执着，够不够坚定勇敢。打开心灵的枷锁，一切皆有可能。

2. 人生没有永恒的夜晚，世界没有永恒的冬天

没有谁的人生永远是黑夜，除非他情愿留在黑夜中，也没有谁的世界永远是冬天，除非他甘愿留在寒冷中。无论人生多么残酷，只要我们的心中依然怀抱希望，依然能够坚定地走下去，我们都能够等到人生的“春天”。

每个人前进的道路都不会一直平坦，相反，都会遇到一些沟沟坎坎，这些深陷坎坷之中的日子，让我们灰心失望，甚至徘徊在绝望的边缘，就像走在漆黑的夜里，迷茫，害怕，找不到希望灯塔的方向。此时，是一个人最容易说放弃的时候，但此时，也是最考验一个人、最能决定人生命运的关键时刻。

其实，放弃还是坚持，就在一念之间。能挺过去的人，就能走出黑夜迎来明媚的天空，走不过去的人就只能做命运的俘虏。

有这样一个人，他经历了人生漫长的黑夜，但始终没有放弃。

他出身于梨园世家，祖父是当时京剧界的“同光十三绝”之一，家人也对他寄予了厚望。可是，他从小就是一个没有表演天分的孩子，嗓子不宽不亮，眼睛轻度近视，眼皮下垂，动作不够灵敏。

8 岁时，伯父请来了一位姓朱的师傅教他唱戏，但令人失望的是，一出旦角的开蒙戏《三娘教子》，不管师傅怎么教，他就是学不会。最后，师傅急了，对他又是骂又是打，但他还是学不会。无奈，师傅摇摇头说：“祖师爷不赏饭吃啊!”他听了，当下就掉了眼泪。他清楚，“祖师爷不赏饭吃”就是说你没天赋，将来成不了角儿，也就等于给他的学戏生涯判了死刑。就是朱师傅的这句话，让他伤心又绝望。

不过，他天性倔强，暗下决心，一定要唱出个样子给师傅看看。遗憾的是，这位师傅再也不来教他了。没办法，家人就把他送到了一个戏班里去学戏。在这个戏班里，师傅们也都不看好他，觉得他天资愚钝，幸好，曾受过他祖父恩惠的吴菱仙师傅肯收他为徒。

在吴菱仙师傅的门下，虽然他依然学得很慢，但却学得很认真，师傅的一招一式、一板一眼，他都翻来覆去地练习。当时的剧场还没有扩音器，所以每个唱戏的人都必须依靠共鸣把声音传出去，以便让远处的观众也能听到。这个少年自知嗓子不好，就一个音一个音地训练，日子久了，一出口就能摆好口腔里的正确位置，弥补了嗓子不好的缺陷。

对于一个唱戏的人来说，眼睛有神也很重要。他眼睛近视而无神，也是一个致命缺陷。对此，他想出了看鸽子飞翔练习眼神的办法，每天清晨，他一眼不眨地注视着飞上蓝天的鸽子，鸽子飞多远，他就目送多远。一日复一日，从不间断。就是这样，一转眼十多年过去了，他的视力竟然恢复了，而且眼睛睁大了，眼神也充满了活力。

这十多年的勤学苦练，也让他的表演发生了蜕变，他成功了，成为一位名震一时的角儿。他不是别人，正是京剧大师梅兰芳先生。

从这个故事中我们可以看到，京剧大师梅兰芳人生的“黑夜”不可谓短，但他靠着一股不服输的劲头，终于送走黑夜，迎来了阳光灿烂的日子。他走出了黑夜，人生得以灿烂，令人羡慕和敬仰，那么，正在黑夜之中穿行的你，还在徘徊犹豫，甚至打算放弃吗？

英国诗人雪莱留给我们一句传世名言：“冬天来了，春天还会远吗？”其实，没有谁的人生永远是黑夜，除非他情愿留在黑夜中，也没有谁的世界永远是冬天，除非他甘愿留在寒冷中。无论人生多么残酷，只要我们的心中依然怀抱希望，依然能够坚定地走下去，我们都能够等到人生的“春天”。

坚持不懈是人生最宝贵的品质，如今的很多成功人士能够取得今天的成就，都离不开曾经的坚持不懈。不过有一点需要指出，所谓“坚持不懈”，不只是在黑夜中等待和煎熬，而是要在这种痛苦和迷茫中积蓄力量、提升自己，让旧的不够优秀的自己逐渐蜕变成一个新的足够优秀的自己。

因此，可以肯定地说，人生的春天绝不是“等”来的，而是自己“争取”来的。换句话说，不是谁都可以走进人生的春天，只有那些拼命奔跑着的人才能收获最后的圆满。

3. 强大不是无畏赴死，而是从黑暗中坚信生命向上

勇敢赴死并非真正的勇士，真正的勇士是能够无惧任何困难，顽强活下来的人。他做到了，他是这个世界上真正强大的人。

这个世界上总有一些人，他们敢于去死，却不敢活下来。我只能说，他们的无畏赴死彰显了勇气和胆魄，但同时也传递出一种软弱。因为勇敢不代表强大，真正的强大是坚忍，是不屈不挠，是在生命的黑暗中依然能够坚信生命向上，并为此不断攀上高处。

有句话叫作“人不怕死，就怕不知道怎么活下来”。有时候，活下来真的是一件比死还要难的事情，但如果谁能做得到，谁就是生命真正的强者。在遥远的澳大利亚，就生活着这样一个真正的强者。

约翰降生那一天，全家人的心都碎了。因为他只有可乐罐那么大，腿是畸形的，没有肛门，躺在观察室里，奄奄一息。医生说，他活不过24小时！

可是，他顽强地活了一天又一天。父亲将他带回家，取名约翰·库缇斯。

约翰渐渐长大，但他个头太小了，连家里的狗也经常欺负他。后来，约翰上学了，当他背着比他个头还大的书包，坐在轮椅上开始憧憬新的生活时，他不知道，学校是另一个噩梦的开始。很多调皮的孩子把他当作玩偶一样戏耍，甚至有几次，把他

绑在教室的吊扇上随风扇一起转动。

这样备受煎熬的日子，一直持续到了高中。有好几次，约翰放学回到家，对着镜子里的自己大哭，甚至想到了自杀。可是想到疼爱自己的父母，又于心不忍。

高中毕业后，约翰开始找工作，希望过上自食其力的生活。可是，当他趴在滑板上，敲开一家又一家店门，问是否愿意雇用他时，得到的都是无情的拒绝。后来，约翰终于在一家杂货铺找到了工作，再后来又到一个仪表公司拧螺丝钉。他每天凌晨4：30就起床，赶火车到镇上，然后踏着滑板赶到几公里外的工厂。尽管这样的生活非常艰辛，但能够自食其力，他感到很快乐。

由于长期使用手臂，他的手臂有着惊人的力量，而他的命运也因此改变。约翰喜欢上了举重和轮椅橄榄球，2000年，约翰在全国健康举重比赛中排名第二。此外，约翰还获得了板球、橄榄球、足球二级教练的证书。

不仅如此，一次偶然的演讲，更让他的人生走向巅峰。那是在一次午餐会上，约翰应大家的邀请，讲述自己战胜困难的经历。约翰想，一定要把最勇敢的一面展现出来，并且要讲出最有价值的话，而不是做一场“怪物展览”。最终，约翰的演讲赢得了大家的热烈掌声，甚至有一位女士哭着跑到约翰身边，对他说：“我正准备自杀，可是听你讲完，我决定坚强地活下去！”

就这样，约翰发现演讲也是一件有意义的事情，于是，他决定成为一名演讲家，用自己的故事去激励更多的人。最终，约翰在190多个国家做了800多场演讲，他用自己的亲身经历，激励和影响了200多万人。

刚一出生就面临死神的逼近，可是，约翰不仅活了下来，还活出了自己的精彩人生。约翰顽强的生命力，不得不令人叹服！

其实，约翰有很多个可以放弃的理由，可以轻易地结束所有的痛苦和煎熬，但他没有那样做，因为他相信，勇敢赴死并非真正的勇士，真正的勇士是能够无惧任何困难，顽强活下来的人。他做到了，他是这个世界上真正强大的人。

罗素说过一句话："希望是坚韧的拐杖，忍耐是旅行袋，携带它们，人可以登上永恒之旅。"每个人在生活的道路上遇到挫折甚至磨难时，不妨给自己一把"希望"的拐杖，和一个"忍耐"的旅行袋，让忍耐支撑自己，让希望指引自己，一步一步坚持走下去，终会有一天，生命的坚韧能够战胜生活的磨难，尝尽人生苦涩的我们，可以狂笑一声，怒吼一声，展现出强者的风貌。

生命是宝贵的，但比生命更宝贵是心灵，因为只要心灵不死，再干枯的生命也能绽放出美丽的花朵，再贫瘠的沙漠也能开出玫瑰。

4. 即使遭到别人的背叛，但仍勇敢去爱

不能因为曾经有人让我们对爱情失望过，就再也不相信爱情。乌云过后依旧是晴空，伤害过后仍然能找到幸福。但是，这种幸福，只有相信才有可能。

自古以来，最让人向往和陶醉的莫过于爱情了，但与此同时，在爱情里受过伤害的人更是不计其数。不同的是，有的人在

受伤之后再也不相信真爱，有的人却在受伤之后仍然选择勇敢地去追爱。

蔡少芬就是这样一个勇敢追爱的女人：

2002 年，蔡少芬和相恋多年的男友分手。这次分手，让蔡少芬的内心感到无比悲伤，只好不断接戏，靠忙碌来排遣心中的忧伤。到 2003 年仅一年时间，就接下《水月洞天》和《灵镜传奇》两部电视剧。

巧合的是，在这两部戏里都有一个男演员叫张晋。在《灵镜传奇》剧组见面时，两人已经是“老熟人”，不知不觉间，接触也就多了起来。在张晋眼里，蔡少芬虽然是女主角，但根本不像一些大牌明星那样傲慢，对每一个演职人员都很尊敬。不拍戏的时候，也总是素面朝天，给人亲切真实的感觉。不过，细心的张晋也觉察到，蔡少芬的心情似乎不太好。

张晋习武出身，蔡少芬每次拍武打戏时，他总是守在一旁，随时准备保护她。渐渐地，蔡少芬也感受到一种前所未有的温暖。

而蔡少芬，也开始对这个年轻小伙有了更多的关注，还悄悄地找剧组里的人打听张晋的一些情况。蔡少芬得知，张晋是重庆人，从小开始习武，11 岁就进入了四川少年武术队，1998 年还曾经到香港有名的袁家班学习。因为身手不错，2001 年进入《卧虎藏龙》剧组，担任章子怡和杨紫琼的替身。此外，张晋还担任过周润发的太极拳教练。后来在章子怡的力荐下，他为《英雄》中的甄子丹当替身。2002 年时，他被邀请到美国担任《霹雳娇娃 2》的武术指导，回国后转到幕前担任武打演员。

了解到这些后，蔡少芬很是惊讶，看上去如此年轻的一个男孩竟然有着这样的出色成绩。可尽管如此，他却从不炫耀自己的过去。而且为人也非常热情，剧组里谁有个头疼脑热，或者拍戏受伤，他总是主动去照顾。

不知不觉中，蔡少芬动心了——这不就是我的梦中情人吗？后来，和张晋接触得越多，蔡少芬的内心越肯定，他就是自己要找的人。可是，她同时也在犹豫，害怕这个感情世界一清二白的男孩无法接受有着复杂过去的自己。蔡少芬把自己的心事告诉了几个闺中密友，没想到，这些朋友都说："他和你相比，名气和财产的差距都太大，你不是太吃亏了？"蔡少芬却异常坚定地说："我在过去受过伤，对幸福没有奢求，能拥有一份真挚的感情，足矣。"

蔡少芬不知道，此时张晋的内心也已经萌动。一个声音也在他心里回响："她恰好是我想找的另一半！"可另一个声音也在提醒他："她是当红明星，我仅仅是个刚从武替过渡到武生的小演员，两人之间的差距实在太大！"

就这样，两人都心动不已，却又都在犹豫，谁都没有说出口。眼看着戏就要杀青，张晋想，这次一别，不知道何年再能相见了，终于，他在一个晚上，鼓起勇气对蔡少芬说："有一个男人，他没有名，没有利，只有一身武功和一颗不变的爱你的心，这样的男人，你会接受吗？"听到这句话，蔡少芬幸福地哭了。她想，爱就在眼前，即使自己曾经被伤害过，即使这一次的爱仍然有可能伤害自己，但仍然要勇敢地去爱，因为爱了就是爱了。

蔡少芬对张晋说："我要找的是一个生活中的好男人，一个过日子的老公，而不是一部影视剧的投资人，一个靠他来过上锦衣玉食的金龟婿。只是，对一个有着太多故事的女人，你的心有足够的空间来包容她吗？”听到这里，张晋把蔡少芬拥进怀中，说：“以前你受苦了，以后我会给你加倍的幸福！”

如今，蔡少芬和张晋过上了幸福的生活。对于在爱情的道路上受过伤害的蔡少芬来说，这份幸福来之不易，如果不是有一颗勇敢再爱的心，恐怕她今生就与这份幸福擦肩而过了。可见，在爱情的道路上，曾经的伤害并不影响你未来的幸福，只要心中有爱，只要有勇气把爱说出来。

其实，相对于在爱情里没有受过伤害的人，受过伤害的人绝对要多得多，但不能因为曾经有人让我们对爱情失望过，就再也不相信爱情。乌云过后依旧是晴空，伤害过后仍然能找到幸福。但是，这种幸福，只有相信才有可能。

在当下这个社会，失恋、分手已经再常见不过了，离婚的人数也是逐年增长，而与此同时，很多二婚家庭矛盾不断，综合这些因素，让很多人对受伤之后的幸福不敢心存希望，但实际上，在受伤之后找到幸福的人依然不在少数。坚强的女人，即使遭受被渣男抛弃，事业和爱情全部陷入低谷，可只要勇敢去爱，最终会收获幸福的生活。

乌云密布并不是天气的常态，消极也并非人生的主流。在人生的道路上，只有我们相信自己能做到，才能收获成功。在爱情的道路上，只有相信爱情，才能收获幸福。哪怕世界再残酷，我们一样可以温柔地活出自己的精彩。

5. 看见过世间的丑恶，但仍付出善意

任何人心里都住着善良和丑恶，关键是你选择唤醒哪一个。善良是人性中最闪耀的光芒，善良的人看似软弱，实则蕴藏着远远比丑恶更加强大的力量。

时间催生出很多美好的回忆，但同时也让我们看到现实社会丑恶的一面。有人说，现在是一个弱肉强食的世界，要想生存，就放下善良，拿起邪恶。更令人担忧的是，现在很多家长都在这样教育孩子。我有一个当中学教师的朋友，他说，有一次他表扬一个孩子很善良，可是没想到，这个孩子的家长却不以为然地回应说："善良有什么用？在这个社会，最没本事的人才善良呢！"这样的回答让我这位教师朋友很是惊愕。

对于这位家长的看法，我当然也是无法赞同。善良是人最宝贵的品质，一个人若丢掉了善良，那是一件很可怕的事情。

西方大文学家莎士比亚说："善良的心地，就是黄金。"其实，善良的心何止是黄金，简直是这个世界上最神奇的魔法、最强大的力量。

印度北部有个村庄，叫格依玛村。因为土地贫瘠，这里的人们世世代代过着贫穷的日子，常常连填饱肚子都是问题。他们也很想改变现状，但却一直没有找到生财之道。

离村庄不远处有一条公路，由于路况不太好，时常发生车祸。有一天，一辆装载着食用罐头的货车在这里翻进沟里，罐头

散落一地。司机受了伤，找了一辆车去医院。看到罐头无人看管，村民们就偷偷地拿回了家，这些捡来的罐头，让他们吃了好几天。在这之后，村民们经常到那条公路上转悠，希望再遇到出事故的车辆，好趁机捞点便宜。

可是，好多天过去了，运载食物的车辆倒是来了不少，但都安全地离开了。他们很不甘心，于是想到一个主意，趁着晚上没人，把公路挖得坑坑洼洼。因为路况更加不好，在这里出事故的车辆也多了，而即使车辆没有出事故，因为行驶的速度很慢，村民们就跟在车后，偷偷从车上拿走一些东西。

起初，村民们只是拿走一些食物，后来什么都拿，拿来后就到市场上去卖钱。再后来，他们不是偷，而是明目张胆地抢了。一时间，这条公路成为一条众所周知的“危险”路段，很多车辆都开始绕行。当地警方甚至还抓住两个正在抢货的村民，判了刑，可是，这里的村民们仍然没有“改邪归正”。

这一天，有一辆货车从这里经过，车上装满了一袋袋的磷酸酯淀粉，这是一种工业淀粉。但是，格依玛村的村民们都文化不高，认为是淀粉就一定可以食用。于是，大家毫不犹豫地冲上去，抢走了二十多袋磷酸酯淀粉。

司机是个小伙子，发现有人抢了货，赶紧停车去追赶逃走的村民。这样一来，另外的村民干脆把剩下的淀粉都给抢光了。小伙子一直追到了村子里，恳求村民们把货都拿出来，但不管他怎么恳求，村民们都不承认。最后，小伙子只得说：“这是工业淀粉，不是普通的食用淀粉，吃了会死人的！”但村民们不相信。

小伙子怕闹出人命，虽然他没有责任，但他不忍心就这么看着有人送死，于是，他选择一家一家地登门恳求，甚至下跪，求他们把淀粉拿出来。最后他还说："你们不把淀粉交给我没关系，但我求求你们，千万别吃，真的会死人的!"见到小伙子这样求他们，村民们开始有些相信了。有人提议喂鸡试试，果然，鸡在吃下淀粉一会儿后就死掉了。村民们既惊讶又感动，他们这么对待小伙子，小伙子还为了救他们而跪下来。

接着，村民们自发地将那些工业淀粉都交了出来，重新送到了小伙子的车上。从此以后，这个村庄里的人再也没有哄抢过任何一辆车。当有人再次心存歹念时，立刻就有人提醒他说："想想那个好心人吧，我们伤害了他，他却救了我们全村人的命。想想他，我们还有脸继续干这种伤害别人的勾当吗？难道我们真的是魔鬼？"

心存善良是可贵的，更可贵的是在看尽世间的丑恶之后，依然能心怀一颗善良的心。上面故事里的这个小伙子令人感动，更令人佩服，面对伤害自己的格依玛村村民，他不是抱怨社会险恶，人心不堪，而是守住了心中的那一份善良。即使是面对村民的不信任，他仍然愿意放下尊严去挽救他们的性命，这样的善良和大爱，是这个世界上最珍贵的财富。而那条"危险"的公路，警方的治理都无法奏效，在这个小伙子善良的感染下，却永远太平了。不得不说，善良是一种神奇的力量。

其实，任何人心里都住着善良和丑恶，关键是你选择唤醒哪一个。善良是人性中最闪耀的光芒，善良的人看似软弱，实则蕴藏着远远比丑恶更加强大的力量。所谓以柔克刚，大概就是这个道理吧。

在现代社会，很多人的内心变得越来越冷漠，甚至丑恶，人与人之间的关系也越发淡漠，即使是熟识的人之间也怀着戒备之心。实际上，只要我们每个人多拿出一点善良，就能让彼此感受到更多的温暖和信任，让我们的世界更加美好。

6. 命运负责洗牌，但是玩牌的是我们自己

当我们不幸拿到人生的一副烂牌，甚至在整个人生的前半程都落后于人的时候，不必急躁，更不要悲观失望，我们依然还有机会翻转人生。在没有走到终点之前，没有人能宣判我们的命运，除非我们自己缴械投降。

人生就像打牌，洗牌和发牌的都是上帝，无论拿到怎样的一副牌，我们也只有接受。可是，不管拿到的是好牌还是烂牌，我们都有权利选择如何去玩好这副牌。如果一个人不会玩牌，那么即使他拿到再好的牌，也可能会被玩烂，相反，即使拿到一副烂牌，如果这个人很会玩，也完全可以反败为胜。

人生是一次有“截止日期”的“单程”之旅，容不得儿戏，甚至在很多时候也输不起。所以，要玩好人生这副牌，每个人都应该抓住一切机会，全力以赴。遭遇失败没关系，遭遇嘲讽也不要在意，只有坚持不懈地走下去，才能主宰自己的人生。来读这样一个故事：

读小学时，他是一个很调皮但也很机灵的小男孩，在文学和绘画方面表现出惊人的天赋，不到10岁，就已经读完了大作家马克·吐温的《汤姆·索亚历险记》等名著，老师布置的绘画作业，也都能非常出色地完成。

有一次，美术老师布置了一个作业，画一盆花。他信心满满，按照自己的创意画出了这样一盆花——花朵画成了人的脸，而且赋予了不同的表情，花朵下面的叶子被画成了人的手，最下面的花盆则变成了一把小椅子。就这样，这幅画看上去既像一盆花，又像一群坐在小椅子上的快乐孩子。

他对自己的作品非常满意，可是没想到，美术老师看到他的作品后很是生气，根本不能理解他心中的那个美妙世界，反而认为他是在胡闹。所以，老师在一气之下，当着全班学生的面，把他的画撕得粉碎。他试图反抗，老师则给予了他更加严厉的批评。

委屈的他回到家里后，把这件事讲给了父亲听。父亲听完后对他说了这么一句话："孩子，不能主宰自己的人，终生都会是一个奴隶。"虽然当时他年纪还小，还是隐约感觉到父亲对他的支持，于是他更多了一份坚持自己的信心。

第一次世界大战期间，他去报名成了一名志愿兵，在当兵期间，他一有时间就会创作一些漫画寄给幽默杂志。但很遗憾，根本没有人能够欣赏他的作品，这种挫折和打击一直持续到战争结束后很长一段时间。甚至，当他在一家广告公司任职时，竟然还遭遇了因"缺乏绘画能力"被辞退的尴尬事情。

1923年，在求职中屡屡受挫的他，万般无奈之下成立了自己的公司，并在一家地产公司的后院里度过了最初的艰难岁月。不过，他创作的米老鼠和唐老鸭一经面世，迅速享誉世界，为他的迪斯尼公司赢得了27项奥斯卡金像奖。这个曾饱受打击小男孩，就是后来闻名世界的华特·迪士尼。

人生路上，谁都会遭遇挫折，甚至是众人的打击否定，可是，如果我们认为这就是命运，就此服输，那一辈子都是命运的奴隶了。每个人都应该学会抗击命运，努力做自己命运的主宰。无论命运待我们如何，只要内心是强大的，未来依然可以精彩。

人生是一次长跑比赛，输在起跑线上没关系，输掉前半程依然没关系，赢在最后才是真正的赢家。所以，当我们不幸拿到人生的一副烂牌，甚至在整个人生的前半程都落后于人的时候，不必急躁，更不要悲观失望，我们依然还有机会翻转人生。在没有走到终点之前，没有人能宣判我们的命运，除非我们自己缴械投降。

其实，那些抱怨命运强大、无法扭转的人，归根结底是因为自己太弱小。在真正的强者眼里，只有“想要的人生”，没有“被命运安排的人生”。而这其中还暗含着另外一层含义，那些只知道抱怨命运的人，其实是不愿意付出努力和汗水，而后者，执拗地要改变自己命运的人，则是不惜付出任何代价。他们敢于付出，愿意付出，所以能够战胜命运，主宰自己的人生。

在改变命运的道路上，或许今天很残酷，或许明天依然残酷，但仍然要相信，残酷并非人生的本色，在一时的残酷里修炼自己，终究可以赢得一个美好的未来。其实，我们真的可以做到很多曾经我们以为做不到的事情。

7. 幸福永远不会光顾那些不珍惜自己的人

无论遇到多少挫折，多少不如意的事情，我们都要善待自己，珍惜自己，绝不可以自甘堕落。这个世界真的残酷，而我们

对自己的爱护是抵抗这种残酷的最后一个武器。

人生所有的努力和付出，为的都是一个目的——幸福！可是，我们努力了那么久，付出了那么多，为什么还是品尝不到幸福的滋味？

其实，一个人能否感受到幸福，不在于他拥有多少，而决定于他能够感知多少。换句话说，他是否能够以一颗珍惜的心面对自己的一切。有很多人，在拥有时不知珍惜，在失去后懊悔不已。

有一个事业有成的年轻人，正值壮年之际，却被黑白无常带走了。在地府，他愤愤不平地问阎王："为什么这么早就把我抓来了？"

"你的时辰到了。根据黑白无常提交的报告，你已经浑浑噩噩，四肢无力，满脸愁容，健康不佳，压力沉重，疲倦难耐，更惨的是——欲望横流。"阎王淡淡地说。

"不可能，我一直都很健康！再说了，你也应该提前给我一些暗示啊！"年轻人仍然很不服气。

这一次，阎王生气了，大声地说："怎么没提醒你，至少提醒你三次了！"

阎王平息了一下怒火，继续解释说："第一次，我让你变得很疲倦，早上醒来，头昏脑涨，满眼昏花，像没有醒来一样；第二次，我使你饿了痛，饱了也痛，胃肠痛得不得了；第三次，我让你全身都酸痛。但是你一点也不在意，完全不好好爱惜身体，我只好派人把你抓回来了。"

年轻人听完，终于恍然大悟，这些症状确实都出现在自己身上，只是自己没有在意而已。于是，他叹了一口气，说：“都是我只顾事业，没有好好珍惜身体惹的祸！”

看到年轻人如此懊悔，阎王也感慨万千地说：“原本我只收一种人，就是阳寿已尽的人，可是现在却多了一种人，就是不珍惜自己的人，可悲的是，现在第二种人越来越多了。”

这个故事当然是虚构的，但比很多真实的故事更加震撼人心。如果年轻的我们要遭遇这样的一天，该有多么懊悔呢？幸好，我们仍然健康地活着。

人生需要奔波，需要吃苦，但绝不能因此不珍惜自己的健康。都说健康是革命的本钱，其实，健康更是幸福的本钱。没有健康，革命成功了又如何？你能在成功中体会到幸福吗？

珍惜自己的健康，我们才能收获幸福。但仅仅是珍惜健康还远远不够，更需要我们珍惜的，还有自己的价值。

在一个孤儿院里有一个小男孩，他每天都在难过中度过。有一天，他悲观地问院长：“像我这样没人要的孩子，活着究竟还有什么意义呢？”

院长慈爱地笑笑，没有回答。不一会儿，院长交给这个孩子一块石头，说：“你拿到市场上去卖，但无论别人出多高的价钱，绝对不要卖掉！”

小男孩很是疑惑，但还是遵照院长的说法去做了。来到集市上，第一天，有很多人对他的石头感兴趣，而且随着大家出的价钱越来越高，感兴趣的人更多了。第二天，人们给出的价钱更高了。第三天，在黄金市场上，石头的价格再次翻倍。但由于小男孩还是不卖，最终，这块石头被传言是一件“稀世珍宝”。

这时候，院长告诉小男孩：“一个人的价值就像这石头一样，你想要让自己有多大价值，关键决定于你有多珍惜自己！”小男孩听完恍然大悟，再也不悲观失望了。

有句话说得好，要想别人瞧得起自己，首先要自己瞧得起自己，这个小故事里所阐述的也正是这样一个道理。所以，让我们都学会珍惜自己吧，当我们学会了珍惜自己，才能赢得世界对我们的珍惜。

天外有天，人外有人，我们不可能是最优秀的那一个，但因此我们就小瞧自己吗？当然不，每个人在自己人生中的位置都是无可替代的，其价值也是无法估量的。何况我们还年轻，只要我们足够努力，还有无限的潜力可以开发。但前提是，我们要相信自己。从某种意义上说，一个人有多相信自己，他就可以爆发出多大的潜力。

在今后的人生道路上，无论遇到多少挫折，我们都要善待自己，珍惜自己，绝不可以自甘堕落。这个世界真的很残酷，而我们对自己的爱护是抵抗这种残酷的最后一个武器。一个人只有学会了爱自己，才能够温暖自己的心，在风风雨雨中继续梳理羽毛，飞往想去的方向。

8. 越努力，越幸运

天生的幸运是偶然的，是不可选择的，后天的幸运却是自己可以掌控的。很多人抱怨自己运气不好，其实不过是给自己的不努力找借口罢了。

当你看到别人站在领奖台上，手捧奖杯，满脸灿烂的笑容，赢得无数的掌声和喝彩时，你是怎么想的？

有多少人会想："有什么了不起，他不过是比我幸运罢了！"

有这样想法的人并不在少数。必须承认，这的确是一个事实。有些人，他们一出生就拥有了财富和地位，这些财富和地位甚至是我们终其一生都无法获得的。跟他们的人生相比，我们一无所有，步履维艰。可是，仅仅因为他们幸运，我们不幸，我们就要向命运举手投降吗？

其实，幸运有两种，一种是先天的，我们无法选择和掌控。另一种是后天的，是一种靠着自己的努力赢得的幸运。所以，别人的幸运我们无法企及，但我们依然可以在不幸的道路上寻找到幸运。

马杜罗，一个口吃男孩，他在时光的隧道里终于找到了自己的"幸运"。

自习课上，大家都在聚精会神地写作业，马杜罗却在打瞌睡。"马杜罗，你跟我出来一下。"老师把马杜罗叫到了办公室。

"你相信石头会开花吗？"面对老师这样突然的一问，马杜罗扑闪着疑惑的眼睛，摇了摇头。接着，老师摊开手掌，手里呈现出一枚光滑的鹅卵石。老师让马杜罗坐下来，看他怎样让石头开花。老师拿出一把小刀，开始埋头雕刻。很快，在这块鹅卵石上面，一朵栩栩如生的小花出现了。

"你看，石头真的可以开花！"

两年前，因为一次生病，马杜罗落下了口吃的毛病，从那时候开始，他总是担心被别人嘲笑，因此变得很自卑，很少说话，学习成绩也一落千丈。

马杜罗没有说话，老师又对他说："我知道你一直喜欢看书，好故事应该与大家一起分享。周末的班会上，我希望能听到你的声音……"

这一天回到家，马杜罗的心情很复杂，但最终他还是决定按照老师的期待去做，他开始对着镜子练习发音，一遍又一遍。周末那天，马杜罗主动站到讲台上，给大家讲了一个很有趣的故事。虽然他紧张得大汗淋漓，说话也不是很流畅，但却得到了同学们热烈的掌声。

多年以后，大学毕业的马杜罗，早已经改掉了口吃的毛病，成为一个英俊帅气的小伙子。他依然喜爱读书，更是把成为作家作为人生理想。于是，他整天把自己关在屋子里创作，可是，投出去的稿子从来没有一篇能够发表，他口袋里的钱只够维持几天的生活了。

这一天，心情沮丧的他走上街头，没想到，竟然遇到了当年让他看石头开花的老师，更让他惊讶的是，老师早已经离开讲台，成了一名著名的雕刻家。得知马杜罗的苦恼后，老师微笑着说："我能让我手里的石头开花，那是因为我懂得雕刻，其实我每天几乎所有的业余时间都在学习雕刻方面的知识，时间久了，每次把刀拿到手里，灵感也就如约而至。当然，人要找到适合自己的事情，努力才有意义。"

听到老师这一席话，马杜罗的内心一下子敞亮了。他想到自己写作时总是搜肠刮肚，意识到自己并不适合做一名作家，而是一位读者。紧接着，他开始去找工作。他先是应聘到一家广告公司，但做得不顺利，又应聘成了一名公交车司机。在这个公司，因为马杜罗为人谦虚又热情，受到同事们的一致好评，最终被选为行业工会的领袖。于是，在工作之余，他又多了一项工作，就是为普通工人的权益而奔波。也是从这个时候，他慢慢步入了政坛，开始了不一样的人生旅程。

2012 年 10 月 10 日，马杜罗当选为副总统！这个消息像是长了翅膀一样，以闪电般的速度传遍了委内瑞拉的每个角落。而那些熟悉马杜罗的人，简直不敢相信自己的耳朵——真的是那个当年口吃的自卑男孩马杜罗吗？

或许，在得知马杜罗当选副总统后，曾经熟悉他的那些旧日同学和朋友们，会禁不住感叹一句："天哪，这小子真够幸运的！"然后想想自己困窘的处境和一无所成的人生，又感叹一句："我怎么就没有这好运气呢！"

其实，马杜罗的成功仅仅是因为他幸运吗？一开始，他并不是一个幸运的人，可是他靠着坚持不懈的努力最终找到了实现人生价值的机会，这样的机会看似是"幸运"，实则只有足够努力的人才能遇到并抓住这样的机会。如果我们一直沉浸在自卑中无法自拔，即使绝佳的机会摆在面前，我们又如何抓得住？

天生的幸运是偶然的，是不可选择的，后天的幸运却是自己可以掌控的。很多人抱怨自己运气不好，其实不过是给自己的不努力找借口罢了。而那些能够实现梦想的人，不是因为他们够幸运，而是他们付出得够多，撑得足够久。

没有挣扎就不叫生活

MEI YOU ZHENG ZHA << << <<<

JIU BU JIAO SHENG HUO < <<

第九章 人生很残酷，看破才自在

幸福不在远方，就在身边。放下贪欲，放下执念，你就是最幸福的人。我们不需要看破红尘，但需要看透自己的人生。

1. 世上除了生死，其他都是小事

我们遇到的事情都不是什么大不了的，生死才算大事，但对于开悟者来说，即使生死也一样可以破解，而那些鸡毛蒜皮的小事更不值一提。

人生，没有永远的伤痛，再痛的伤口，也有愈合的一天；同样，人生也没有迈不过去的坎，很多我们当时以为不可能迈过去的坎，挺一挺，也就过去了。只是当我们还年轻，总以为当下就是永远，错把一次的失败当作永久的失败。

人生在世，除了生死，其他都是小事，都是可以迈过去的坎。

人都是活着来到这个世界，但没有一个人能活着离开，死亡是人人都迈不过去的一道坎，实际上也是我们唯一迈不过去的一道坎。所以，无论你是事业受挫还是爱情受挫，再大的痛苦都是暂时的，再大的困难也都可以找到化解的办法。当你走过去后再回头望时，你会发现，那些不过都是一些小沟小坎罢了。

下面这个故事里的她，就真正做到了“除了生死，都是小事”。

她是一个普通的农村妇女，18 岁结婚，26 岁赶上日本侵略中国，面对动荡不安的生活，她带着 3 个年幼的孩子东躲西藏。村里有很多人受不了这种担惊受怕的日子，想一死了之，她听后就去劝说：“别放弃啊，没有过不去的坎，好日子总会回来的！”

终于，战争胜利了，太平日子回来了，可是，她唯一的儿子却在战火中因病夭折了。她的丈夫躺在床上几天几夜不吃不喝，她就劝丈夫说：“咱们的命苦啊，可是再苦也得过啊，儿子没了，就再生一个，没有过不去的坎！”他们决定再要一个孩子。

儿子刚出生没多久，丈夫却因病去世了。这沉重的一击，让她几近崩溃。但是很快，她又坚定信心，她把 3 个未成年的孩子揽到怀中，说：“没事，娘还活着，娘能养活你们几个。”

终于，她辛辛苦苦地把孩子们都养大了，3 个孩子都成家立业了，家里的生活也比以前好多了，她逢人便乐呵呵地说：“我说的没错吧，人生没有过不去的坎！现在的生活多好啊！”这时候，她年纪大了，不能下地干活，但也不闲着，就在家里纳鞋底，做衣服，生活过得充实而快乐。

可是，上天似乎并不眷顾这样一位饱经磨难的老太太，一天，她在照看孙子时不小心滑倒，摔断了腿。从此，她只能每天躺在床上了。看到受伤的母亲，儿女们都哭哭啼啼的，她却笑着说：“有什么可哭的，我还活得好好的呢！”

卧病在床的日子，她也没有怨天尤人，织围巾、绣花，什么都做，手艺非常好，左邻右舍都来找她学艺。86 岁那一年，她临终前对儿孙们说：“都要好好过，人这一辈子没有过不去的坎！”

一个普通的农村妇女，给她的儿孙们留下了一笔最宝贵的精神财富——人生没有过不去的坎！这种精神，难道不比物质财富更加可贵吗？

其实，人在遭遇挫折之初，总是感到难以接受，也总是觉得自己不能承受，这是情有可原的。比如遭遇失业，或者创业道路上的重大失败，我们的确需要一定的时间来说服自己面对现实，但一定时间的“缓冲”之后，绝不能自甘堕落，就此放弃，应该让理性战胜感性，用方法攻克难关。有句话说得好，办法总比问题多，只要我们用心去想，再大的难关也有冲过去的一天。

看看如今各个行业的成功人士，你会发现，他们当年也遭遇过很多的不可能，比如史玉柱，当年巨人集团几乎破产时欠债上亿，有谁觉得他可以还清债务？有谁相信他可以东山再起？可是他做到了，后来他不仅成功运作了脑白金、脑黄金，还在游戏世界闯出了一片天。

那么同样，也许今天的我们也面临着种种的不可能，是就此放弃，还是向史玉柱一样冲过去，然后再次惊艳世界？事实上，我们遇到的事情都不是什么大不了的，生死才算大事，但对于开悟者来说，即使生死也一样可以破解，而那些鸡毛蒜皮的小事更不值一提。

人生路上，坎坷是不可避免的，但能不能走过这一道道坎却是可以掌控的，因为人的潜力是无限的，当你毫不客气地把自己逼上“绝路”时，你会发现，这点坎坷算什么，只不过是人生的又一堂课，催生出一个更加强大的自己罢了。

2. 无论世界多么残酷，只要心中有爱，我们依然可以幸福地生活下去

冷漠就像一把利剑，刺伤每一个走过它身边的人。爱就像一个火把，温暖每一个靠近它的人。无论世界多么残酷，只要心中有爱，我们依然可以幸福地生活下去。

在这个社会里，一个人冷漠并不是他想要冷漠，而是这个冷漠的世界让他变得冷漠。为什么会这样说呢?

设想一下就知道了。当一个原本满怀善意和热情的人，遭遇到一个又一个冷漠的人后，他会作何感受？甚至当他周围的人全部都以冷漠的态度对待世界和他人时，他的善意和热情又何处藏身?

毫无疑问，在这种情况下，一个人最可能做出的选择就是也成为一个冷漠的人，用冷漠这个面具或者盾牌，来使得自己免于受到更多的伤害。可是，活在这样的冷漠之中，不觉得寒冷吗?在这样的寒冷中，谁不希望收获一份“雪中送炭”的温暖呢?所以，不管这个世界如何残酷，我们都要温柔地活着，用我们的温度去温暖更多的人。

我们常说，把快乐分享给一个人，快乐就变成了两份。其实温暖也是一样，当你把一份温暖传递给另一个人，两个人就都温暖了。孙宝清是一个普通的出租车司机，但也是一个勇敢的爱和温暖的传递者。

44岁的孙宝清原本是大众出租车的一名司机，但是，他在合同未满的情况下竟然被纽约银行上海分行行长挖走了，这是怎么回事儿呢？

不久前的一个傍晚，大概是在6点15分，孙宝清在陆家嘴的浦东大道上接到一位年过半百的男子，他要去浦西的海鸥饭店赴宴。可是，车子刚进隧道，客人突然要求掉头。孙宝清说："隧道内不能掉头，只能到浦西再说。"这时，客人有些不好意思地说："我出门时换了一条裤子，忘记带钱包了，如果到浦西再掉头，恐怕来不及赴宴。"孙宝清没有表现出丝毫的不悦，而是一脸微笑地说："没关系，我可以免费送您！"

车子经过外滩时，客人问："这是什么地方，这么漂亮？""这是外滩啊！"交流中，孙宝清得知这是一位刚来到上海不到一星期的美籍华人。

车子到达海鸥饭店时，客人刚要下车，孙宝清拦住了他，不是讨要车费，而是递给他3张大众乘车证，依然是微笑着说："您身上没有钱，等会儿回去时可以打这上面的电话，让大众出租车来接您，这3张票可以抵付30元车费，即使不够用，大众出租车也一定会送您到家！"

客人收下3张乘车证，留下了一张名片。孙宝清忙着做生意，也没有看，直接把名片收了起来。直到很晚，他借着路灯的光亮，看到名片上写着：纽约银行中国区总经理上海分行行长龚天益。

两天后的一个下午，孙宝清的拷机响了，打电话的是一位自称龚天益秘书的人，说："老板通过出租车的发票找到你的拷机，他问你是否愿意来纽约银行做他的司机？"这一天晚上，孙宝清一家人开了"全体会议"：与单位签订了4年的合同，才干了1年多，单位会同意吗？违约金付得起吗？

第二天，孙宝清找到经理屠德发，如实讲述了事情的经过。屠经理没有丝毫犹豫，说："董事长说过，只要是好职工，去好的地方，我们就欢送，不算违约。"

就这样，孙宝清成了龚天益的专职司机，开着新买的奥迪A6开始了新的职业生涯。虽然只是一名司机，可是他每天西装革履，微笑着面对工作和人生。

在这个故事中，如果换作另外一个司机，当听说乘客没带钱时，会不会把乘客扔在半路，甚至爆粗口？这种可能性太大了。但是孙宝清不同，因为他的内心充满善意，所以能够选择一种温柔的处世方式。因为这次的偶然事件，孙宝清还得以改变了自己的命运，或许有人会说他幸运，但我认为，这是一个"好人"应得的"奖赏"。

3. 年轻时认为世界只有自己，见过世界才理解顺势而为

这个世界本来就是在不断变化的，固执己见的人往往很难跟上世界的脚步。只有那些看懂趋势，也跟得上趋势的人，才能够成为最后的赢家。

年少时，总以为自己就是这个世界的主宰，想做什么从不犹豫，想要实现的心愿也都以为没有问题。可是，长大之后才发现，世界是一片汪洋，每个人都只是一个渺小的存在，会面对很多的无可奈何。

其实，一个人有自己的想法，或者说主见，当然是一件好事。但是，真正成熟的人虽然也有自己的主见，但从来不固执己

见，而是懂得顺势而为。打造了“小米”传奇的商界精英雷军曾说过：“顺势而为，看起来不够有情怀，但这是成功的真谛!”在谈到诺基亚为什么会输时，雷军说，诺基亚就是太固执于做耐摔的手机，而现在这个世界的潮流是互联网手机，也就是电脑手机，顺势而为才能赢。

陈志刚就是一个因为懂得顺势而为，成功从教书匠转型为商界精英的人。

陈志刚原本是中国农业大学的教师，从教书匠到成功商人，一路走来充满传奇色彩。

1993 年，陈志刚到圣彼得堡留学，那时正赶上俄罗斯经济的转轨时期，各种生活物资都很匮乏。就是在那个时候，陈志刚完全不顾及知识分子的面子和架子，扛着大包的生活物资，做起了“倒爷”。让他没想到的是，这第一笔生意非常顺利地赚到了 100 多美元，让他很有成就感。于是，他就把所有的课余时间都用在了做“倒爷”上，学习繁忙的时候，他一个月只工作 8 天，也可以赚到上万美元。

博士毕业时，陈志刚没有回国继续走知识分子道路，而是选择留在圣彼得堡，继续做生意。1998 年底，他做的皮货生意正是火爆的时候，可偏偏这个时候，他决定退出皮货市场。这一决定让所有人都无法理解，但他很快付诸行动，清空了所有的皮货，并拿出所有积蓄买下一处房产，装修一新，开起了中餐馆——北京饭店。

陈志刚这样做当然有他的理由，因为他发现，俄罗斯的经济正在复苏，热爱东方文化的圣彼得堡人对中餐的热爱也在一天天增长，吃中餐甚至已经成了一种当地的时尚。陈志刚正是看准了这个时机，准备全力以赴经营餐饮业。结果，北京饭店开业第一天就异常火爆，这也让陈志刚在当地的华人圈子里声名远扬。

正在北京饭店的生意如火如荼的时候，陈志刚又做出一个重大决定，在一个偏远的专门用来买卖牲畜和干草的广场旁买下两处房产，准备再开两家中餐馆。因为他认为这个地方很快会成为圣彼得堡的商业中心。后来的事实证明，他再一次做到了顺势而为，5 年之后，昔日冷清、脏乱的地方已经成了繁荣的商业中心了。不仅他的饭店赚足了钱，他购买的房产，也是 24 小时都在增值。

后来，陈志刚又看到新的商机——解决老百姓的居住问题，已经成为俄罗斯的基本国策，所以，他立马投身建筑业，在当地寻找专业的合作伙伴，还从中国找到建筑队，开启了他的房地产事业。

如今，陈志刚还获得了俄罗斯圣彼得堡政府颁发给他的一个特别奖章——古希腊财神奖，据说他是圣彼得堡市获此殊荣的第一个外国人，也是迄今为止唯一的一个外国人。

在圣彼得堡这十几年的时间里，陈志刚从卖皮货、开饭店，到搞房地产，都是做到了顺势而为，所以能够抓住一个又一个的机会，最终成就了事业的辉煌。可见，顺势而为对于一个人的成功有多么重要。

这个世界本来就是在不断变化的，固执己见的人往往很难跟上世界的脚步，只有那些看懂趋势，也跟得上趋势的人，才能够成为最后的赢家。不过，所谓“势”不是明白、清晰地出现在面前才叫“势”，那样的“势”已经是过时的“势”了。真正懂得顺势而为的人，一定是能够提早看懂和预知到潮流的人。

道家讲：“水利万物而不争。”水为什么不争呢？因为它在顺势之中已经得到了自己想要的——看过一路的风景，去到任何自己想去的远方。做人也应该像水一样，跟随世界的趋势，走出一条“曲径通幽”的成功之路，而不是固执地与凶猛的潮流抗争，这与其说是勇敢，不如说是愚蠢。

4. 现实往往比命运还残酷，只是没有人愿意认输

残酷是世界的本相，残酷也是我们命运的底色，我们能做到的就是“认命不服输”。

都说现实很残酷，但到底残酷在哪里？其实，所谓残酷的最重要的一个表现就是，在我们追求梦想的道路上，横亘着一个又一个的困难，甚至是陷阱、深渊。一不小心，我们就会被摔得头破血流，甚至粉身碎骨。不仅如此，我们还将面临着很多的不公平，比如有些困难压得我们喘不过气来，而这些困难对另外一些人来说却根本不是问题。

残酷的现实，让一些人尝尽了失败的滋味，更让很多人徘徊在社会的最底层，备受煎熬。那么，面对这样的残酷，我们是否就应该举手投降呢？经验告诉我们，失败并不可怕，即使面临再大的失败，只要内心不服输，一切都还有可能。可是，一旦心选择了认输，就永远输掉了人生。

有些人，所遭遇的人生残酷远比我们要多得多，但最后却取得了成功，不是命运之神眷顾他们，而是他们不肯认输。

从上学开始，数学就一直是马云的弱项。18 岁那年，马云第一次参加高考，数学得了 1 分。结果毫无悬念，他落榜了。19 岁这一年，马云再次走进考场，这一次他的数学成绩是 19 分，

再度落榜。这一次，父母对他说：“你就彻底打消读大学的念头吧!”可是，马云没有放弃，第三年，他考进了杭州师范学院。

毕业后，马云留校成为一名英语教师，但是，不安分的他很快就开始了人生中第一次创业——成立海博翻译社。结果，这家翻译社经营惨淡，很多人劝他尽早关门大吉。但是，马云偏不信这个邪，做起了“倒爷”，整整 3 年，完全靠贩卖各种小商品救活了这家翻译社。

1995 年初，马云偶然去美国，首次接触到互联网。回国之后，他便决定在“因特耐特”上大干一场，但他请来的 24 个人中，23 人反对，尽管如此，他还是毅然创办了“中国黄页”，成立了中国最早的互联网公司之一。就这样，马云举步维艰地走上了互联网创业之路，最终创办了阿里巴巴集团。如今，阿里巴巴是全球最大的电子商务平台，马云也一度登上中国首富的宝座，更是成了年轻人心目中的励志典范。

原本也是草根一枚的马云，何以成功？在一次交谈中，马云吐露了他的成功秘诀。他说：“很多人比我们聪明，很多人比我们努力，为什么我们成功了，我们拥有了财富，而别人没有？一个重要的原因是我们坚持下来了。”

“今天很残酷，明天更残酷，后天很美好，但绝对大部分是死在明天晚上，所以每个人不要放弃今天!”这句话是马云的名言，深刻地揭示了一个人不服输的重要性。其实，马云能够取得今天的显赫成就，也是一次次从绝望中走出来的，可以说，正是这种永不服输的精神支撑着他走到了今天的高度。

没错，成功的一大秘诀就是不服输，就是坚持不懈。在追求成功的道路上，谁都会遭遇挫折，面临绝境，这个时候，放弃很容易，坚持却很难，不过，能够扭转局面、改写命运的最有力武器恰恰就是那看似傻傻的坚持，因为这背后是一颗充满无穷力量的不服输的心。现实中的很多成功人士，就是靠着一股不服输的精神才取得了最后的胜利。

其实，残酷是世界的本相，残酷也是我们命运的底色，我们能做到的就是“认命不服输”。

其一，我们应该认清并接受命运很残酷这样一个现实，这叫认命。认命并不是屈服，而是以一颗平静的心接受各种残酷的存在，去除抱怨心、悲观心。其二，我们应该怀着一颗不服输的心，在残酷的人生底色之上描画出自己的精彩人生。做到了这两点，这就叫作“认命不服输”。

一些人今天站在成功的舞台上，是因为昨天的不服输。我们要想收获明天的成功，那么今天无论多么艰难，都不要说一个输字！

5. 人之所以痛苦，在于追求错误的东西

无论是物质上还是精神上，人们的生活都变得前所未有的丰富，但随着拥有的越来越多，幸福和快乐没有增加，反而感到处处都是烦恼和痛苦，到底怎样才能找回失落的幸福呢？

人为什么活着？或许具体的原因、目的有很多种，但有一个我们都不会拒绝，那就是获得幸福。可以说，我们都是为幸福而来。可是，为什么在追求幸福的道路上，很多人都陷入了痛苦之中呢？

其实，问题的根源在于，我们要的是幸福，却执着于很多对

幸福并不重要甚至完全无关的东西。我们付出很多精力在这上面，不仅没能增加自己的幸福，反而在无形之中吞噬着我们的幸福。如果不从这条错误的道路上醒过来，人永远难以获得真正的幸福。来看这样一个小故事：

有一天，几个分别了多年的同学相约去拜访大学时的老师。见到大家后，老师很高兴，问大家最近生活得怎么样。没想到的是，听到老师这么一问，大家都变得满腹牢骚，纷纷道出自己生活中的不如意，仿佛自己已经成为社会的弃儿。

这时，老师什么也没说，从厨房里拿出一堆杯子，然后摆放在茶几上，说："这些杯子形态各异，材质也不同，有瓷器的，有玻璃的，也有塑料的，你们都是我的学生，我就不把你们当客人对待了，你们要是渴了就自己选择喜欢的杯子去接水吧！"

抱怨了半天，还真的是渴了，于是大家纷纷拿起自己喜欢的杯子去接水喝。等大家都接好水坐下后，老师说话了。老师指着茶几上剩下的杯子说："你看，你们拿在手里的杯子都是精巧别致的，而那些塑料杯子却没人理睬。"

有学生说："这也没什么奇怪的啊，谁不喜欢漂亮的杯子呢？"

老师继续说："这正是你们痛苦和烦恼的根源。我们需要的是水，而不是杯子，可是我们在喝水时总是会选择漂亮的杯子，生活也是一样，我们要的是生活——水，可是我们却总是抓着金钱、地位等这些'杯子'不放，其实，杯子怎么样并不影响水的质量，如果把太多的心思花到杯子上，其结果无疑就是品尝不到水的甘甜了。"

听完老师这一席话，大家终于明白了自己痛苦和烦恼的根源——追求着错误的东西。

人生一世，必当有所追求，但追求什么却是需要做出选择的。人一旦选择了错误的东西，只会在一条痛苦的道路上越走越远，越陷越深。

其实，很多时候我们不是不知道自己要什么，而是被名利迷惑了双眼，明知不应该执迷却又欲罢不能。其实，名利都只是生活的附属品，而不是生活本身。要想从痛苦中走出来，重新拥抱幸福，就应该放下不必要的执着，只关注于生活本身。

也许有人要说了，放下不是那么容易，不是说放下就可以放下的。希望下面这个小故事能带给大家不一样的思考：

有一个感到很痛苦的人，他找到一位高僧，说："我放不下一些人，一些事，虽然我知道应该放下。"

高僧说："没有什么东西是放不下的！"

他说："我是真的放不下！"

这时，高僧端来一个茶杯，让他拿着，然后往里面倒开水，一直倒，直到水满而溢。他被烫到了手，马上就放下了。

高僧说："这个世界上没有什么是放不下的，痛了，你自然就会放下！"

对于很多人来说，也有很多的放不下，但其实，是真的放不下吗？归根结底，还是因为不够痛，痛苦到一定程度时什么都可以放得下。

放下，是一种智慧。放下不是放弃所有，而是放下错误，比如欲望，每天背负着欲望生活的人，自然是又累又痛苦的，只有放弃才能解脱。

在现代社会，无论是物质上还是精神上，人们的生活都变得前所未有的丰富，但随着拥有的越来越多，幸福和快乐没有增加，反而感到处处都是烦恼和痛苦，到底怎样才能找回失落的幸福呢？

有诗云：“终日寻春不见春，芒靴踏遍岭头云。归来偶把梅花嗅，春在枝头已十分。”幸福不在远方，就在身边。放下贪欲，放下执念，你就是最幸福的人。我们不需要看破红尘，但需要看透自己的人生。

6. 做人简单就好，生活宁静就好

一个人只有心思简单，他才能够不被复杂的人际关系以及各种利益所制约，能够全身心地投入到要做的事情上，从而更好地实现目标。

如何做人，做一个什么样的人，这是一门学问，每一个想要追求成功人生的人都应该潜心研究一番，因为这决定着人生的方向，方向错了，就只能上演南辕北辙的悲剧了。比如你想要做一个简单的人，可是你总是因为别人无心的一句话就左思右想，甚至几天都无法释然，又怎么能做到呢？

还有的人，因为生意场上的一点失意，就垂头丧气，觉得全世界都抛弃了自己。其实，就是一次失败而已，重新来过就是了，就这么简单。

简单做人才是最大的智慧。虽然这个世界是客观的，但我们每个人的心就像一面镜子，让我们看到不一样的世界，心若简单，世界就简单，心若复杂，世界也会变得复杂。下面这个故事里的女主角，就让我们看到了简单的智慧。

在美国西南航空公司飞往加州的一架航班上，一位乘客要吃药，所以要求空姐给他倒一杯水。这个空姐很有礼貌地说：“先生，飞机马上就要起飞，为了您的安全，等飞机进入平稳状态后，我会立刻为您倒水，请您等待一刻钟。”

可是，15分钟过去了，飞机早已进入平稳状态，这个空姐却因为忙碌忘记了倒水这件事，直到这位乘客再次按响了服务铃。

她赶紧把水端到这位乘客面前，并且微笑着说：“先生，对不起，由于我的疏忽，延误了您吃药的时间，实在太抱歉了！”不过，这位乘客听后并不肯原谅她，他看着手表说：“你看看你，让我等了多久，有你们这样服务的吗？”虽然空姐也感到很委屈，因为当时实在太忙了，但她还是微笑着一再给这位乘客道歉。但无论她怎么解释和道歉，这位乘客就是不依不饶。

飞机继续在蔚蓝的天空中穿行，这个空姐为了弥补自己的过失，每次去乘客舱服务时，都会特意走到那位乘客面前，面带微笑地询问他是否需要服务。可是，那位乘客依然在生气，并不搭理她。

飞机马上就要抵达目的地了，那位乘客要求空姐把留言簿拿过去，空姐心想，他可能是要投诉自己，于是再一次微笑着说：“先生，请允许我再一次向您表达诚挚的歉意！”最后，打开这个留言簿，看到的不是投诉，而是一封表扬信。

一场乘客和服务人员之间的风波，就这样被简单的微笑给化解了。可见，简单是最好的智慧，也最充满力量。试想一下，如果这位空姐不是怀有一颗简单的心，面对乘客的不满，她是否会觉得乘客是故意刁难，进而与乘客争执不下呢？其结果，可能会严重影响到这家航空公司的声誉。

不得不说，心若复杂，一件简单的小事就会被复杂化，而心若简单，则完全可以小事化了。遗憾的是，现在的人们似乎更加“擅长”把事情复杂化。比如人际关系，原本就是一种关系而已，可是，当人们把情感、利益、尊严等都掺和进来的时候，这种关系就变得说不清道不明，最终，在处理事情时也变得束手束脚。

殊不知，简单做人就好，简单才是最大的智慧，才是最高的境界。人只有学会了简单做人，才能卸下欲望的包袱，才能忘却生活的烦恼和忧愁。一颗简单的心，一种宁静的生活，看似索然寡味，实则是人生难得的幸福。

有句话叫作“简单做人，用心做事”，一个人能够用心做事的前提恰恰就是简单做人，因为一个人只有心思简单，他才能够不被复杂的人际关系以及各种利益所制约，能够全身心地投入到要做的事情上，从而更好地实现目标。有一次跟一位著名的企业家聊天，我问：“您认为衡量优秀人才的最重要标准是什么？”结果，这位企业家说：“简单！”

从今天起，做一个简单的人吧！常释怀，常宽恕，常清心，常寡欲，让快乐的心享受最简单的生活。

7. 生命，不是活给别人看的

世界那么大，人那么多，每个人最在意的还是自己，真的没有几个人会在意你到底会活成什么样子，所以，所谓“活出个样子来给别人看”不过是你的一厢情愿。

常有人狠狠地说：“我一定要活出个样子来给你看！”此刻，正在阅读这本书的你，是否也说过类似的话呢？

生命是自己的，我们有必要活给别人看吗？没错，我们是要活出个样子来，但不是给别人看，而是为了给自己看，看看自己有多大的潜力，能创造多大的价值。很多时候，我们之所以活得很累，就是因为太在意别人的看法，而忽视了自己的感受。实际上，无论你活得多么优秀，你也不可能让所有人都满意，都给你掌声。

下面这个故事里的主人公是一个很优秀的人，可以说活出了生命的精彩，但他却也陷入了苦恼之中。

他叫布恩·塔金顿，是20世纪美国著名的小说家和剧作家，出版的作品有《伟大的安博森斯》和《爱丽丝·亚当斯》，均获得了普利策奖。

一次，在一个艺术家作品的展览会上，有两个小姑娘请他签名。“我没有带钢笔，用铅笔可以吗？”布恩·塔金顿谦虚地说。其实，他知道两个小姑娘是一定会同意的，不过，他还是想表现一番自己的大家风范。

“当然可以！”两个小姑娘果然同意了。一个女孩快速地将笔记本递给布恩·塔金顿，布恩·塔金顿则潇洒自如地写下几句鼓励的话，并签下了自己的名字。可是，当小姑娘拿过笔记本一看，却皱起了眉头，然后抬头看着布恩·塔金顿问：“你不是罗伯特·查波斯？”

“不是，我是布恩·塔金顿，《伟大的安博森斯》和《爱丽丝·亚当斯》的作者，两次获得普利策奖。”

更让布恩·塔金顿没想到的是，这个小姑娘突然对另一个小姑娘说：“哦，玛丽，请把你的橡皮借我用一下！”

刹那间，布恩·塔金顿明白了一切，同时他也感到无地自容，所有的骄傲和自负化作乌有。

这一天回到家里，他仍然为白天的事情感到烦恼。这时，他的儿子走上前，给了他一个橘子。儿子非常喜欢吃橘子，可是他却正好相反，从来不吃橘子。儿子坚持让他吃，还说吃橘子可以补充维生素，心情烦躁的布恩·塔金顿有点恼火了，大声地说：“再好吃的橘子我也不吃，因为我压根就不喜欢橘子的味道。”

话音刚落，布恩·塔金顿突然明白了什么，脸上立刻露出了笑容，原来，他顿悟出一个道理：再好的橘子，也有人不喜欢，再优秀的人，也同样有人不感兴趣！

没错，即使你再优秀，也不可能人人都喜欢你、称赞你。但是，那又怎么样呢，我们又不是要活给别人看，只要自己对自己满意就够了。

人，就是很奇怪的动物，很多时候都会顾及别人的看法，即使一次次告诉自己，不必在意，可当再次看到别人的脸色，听到别人的看法时，还是跳不出这个怪圈。长此以往，人做事的时候必然会畏首畏尾，甚至失去自我。

张爱玲说：“短的是人生，长的是患难。”我们的人生何其宝贵，如果用来活给别人看，不仅是死要面子活受罪，更是浪费了自己的大好时光。而且，一个总是想着活给别人看的人，他必然缺乏主见，很容易被世俗的观念所左右。这样的一生，又怎么可能会令自己满意呢？人，都应该活给自己看，追随自己的内心，按照自己的想法和规划去走自己的道路。这样的人，能够做到不在意别人的看法，所以活得更加洒脱，也更加幸福。

世界那么大，人那么多，每个人最在意的还是自己，真的没有几个人会在意你到底会活成什么样子，所以，所谓“活出个样子来给别人看”不过是你的一厢情愿。人生残酷，我们能做的就是不取笑别人，也不贬低自己，自信快乐地走过这一生。没有掌声，也要飞翔，有人嘲讽，也要潇洒。

没有挣扎
MEI YOU ZHENG ZHA << << <<<
就不叫
JIU BU JIAO SHENG HUO < <<
生活

第十章

乐天知命，才能无忧无惧

人生虽然是残酷的，但如果拥有一颗乐天知命的心，你完全可以逃离残酷的命运。所谓的残酷，只是一种表象，真正的残酷来自自己的心，所有的人生悲剧都是心理悲剧。乐天知命，才能无忧无惧，让我们淡定地活好这一生。

1. 乐天知命，无忧无惧

一个人活着，说到底是活一颗心。相比于能力，心态更能决定一个人的命运。无论是情感幸福还是事业成功，都是心在冥冥之中主宰着一切。

“乐天知命，故不忧。”这句话出自《易·系辞上》。那么，这句话到底是什么意思呢？

所谓“乐天知命”，就是要认识和了解自己的命运，并懂得顺从命运的安排。而“不忧”，不等于“无忧”，每个人的一生中都充满着烦恼和忧愁，正如古人所说“可怜三千六百日，不在愁中即病中”，所以，“无忧”是根本不存在的，能够在“有忧”的前提下做到“不忧”，这是一种人生的至高境界。

奇怪的是，在现实中，有的人拥有很多却很忧虑，有的人拥有很少却很快乐。来看下面这个故事：

前不久，小区门前的街道上新开了一个小吃摊，经营煎饼、馒头和稀饭等，摊主是一个四十多岁的男人，虽然看上去总是很累，但脸上却始终挂着温暖的笑容。开业好几天了，小吃摊上的人并不多，但他脸上的笑容似乎没有因此减少。

我常去他的小吃摊光顾，一来二往，跟他也混得很熟悉了。我从他的口中得知，他的妻子去年遭遇车祸，如今还躺在床上，儿子正在读高三，可以说，家里正是用钱的关键时候，可是他偏偏在这个时候下岗了，无奈之下，他只好开了这个小吃摊来维持全家人的开销。令我吃惊的是，他在讲述这些生活的不幸时，脸上仍然荡漾着一如既往的微笑，就像是在讲别人的故事一样。我想不明白，像他这样生活陷入困境的人，为何还能够如此淡然呢？

有一天晚上，我在他的小吃摊吃完东西准备离开时，他突然叫住我，笑着说："师傅，今天我运家什的板车坏了，你能帮我搬点东西回家吗？"我自然是很爽快地答应了。

我跟在他后面，刚走进他狭小的家，就被半埋在枕头里的另一张笑脸给感动了。那是他的妻子，躺在床上，正侧过脸对着我微笑，那笑容是那么平和又温暖。在这种温暖的脸上，我丝毫也看不到半点因重病在身而产生的烦躁和痛苦。不一会儿，他们的儿子也放学回来了，这个孩子脸上的笑容和他父母的笑容如出一辙。

在离开他家的路上，我突然明白了他们为什么能有如此温暖恒久的笑容，是因为他们已经看透了生命的无常，也已经做到了坦然接受任何命运的打击。

故事里的这一家人，虽然遭遇重大不幸，却依旧幸福快乐地生活着。他们之所以能做到如此，正是因为懂得了"乐天知命，故不忧”的道理。当不幸已然成为现实，无法改变时，他们没有抱怨，更没有悲观绝望，而是选择了接受，并乐观地继续走在前进的道路上，实在令人钦佩。

退一步说，就算是很多拥有富裕、稳定生活的人，他们能绽放出那样温暖灿烂的笑容吗？实际上，如果没有发自内心地对人生苦难和得失的彻悟，人是很难做到这个境界的。

这个世界上有两种人，一种就是故事里的这家人，身陷痛苦和烦恼之中却不觉得痛苦和烦恼，能够做到无忧无惧地快乐生活。另一种人，则是身在福中却自寻烦恼。比如有一些人，金钱、名誉和地位都有了，但每天却生活在痛苦和烦恼之中。显然，前者令人钦佩和羡慕，后者却让人感到悲哀和遗憾，不过，这一切的幸与不幸都是自己的选择。

一个人活着，说到底是活一颗心。换句话说，相比于能力，心态更能决定一个人的命运，无论是情感顺利还是事业成功。所谓“心态”，心即心理，态即态度，指的是决定人们思维和行为方式的一种心理状态。一种心态，一种人生，这绝非耸人听闻，来看下面这个故事：

在美国有一对孪生兄弟，他们不幸出生在一个穷苦的家庭中，但更不幸的是，他们的母亲是一个酒鬼，父亲是一个赌徒，所以家里总是充斥着争吵，完全不能让人体会到家庭的温暖和幸福。

这对孪生兄弟就在这样的家庭中渐渐长大了，可是却走上了完全不同的道路。弟弟无恶不作，最后锒铛入狱。后来有记者去采访他，他说：“都是因为我的父母，我的家庭！”可是，这个时候的哥哥已经是一个很出色的企业家，而且还竞选上了议员。

记者去采访哥哥时，哥哥也说：“都是因为我的父母，我的家庭！”

在同样的家庭环境中长大的兄弟二人，最终却走向了不同的道路，这究竟是为何？归根结底，在于心态的不同。同样是面对糟糕的父母和家庭，弟弟因为心态消极，选择了自甘堕落，而哥哥却拥有一颗积极乐观的心，靠着自己的努力创造了属于自己的成功人生。

古话说：“塞翁失马，焉知非福?”世界上的任何事情都具有两面性，我们应该学会去看美好的一面。所以，人生虽然是残酷的，但如果你能拥有一颗乐天知命的心，你完全可以成功逃离残酷的命运。所谓的残酷，只是一种表象，真正的残酷来自自己的心，所有的人生悲剧都是心理悲剧。

乐天知命，才能无忧无惧，让我们淡定地活好这一生。

2. 让懂的人懂，让不懂的人不懂

人生最美是淡然，虽然这个世界很残酷，特别是对于很多草根一族来说，不过，只要怀有一颗随和的心，淡然地看待这一切，你的人生也便不会显得那么残酷了。

你曾因为一个人不懂你而感到生气或者痛苦吗?

这样的经历，相信很多人都有过。比如你遇到一件极其苦闷的事情，可是，当你把这份苦恼倾诉给一位好友时，他却轻描淡写地说了一句：“那算什么啊！”顷刻之间，你是不是觉得自己对牛弹琴？而那种不被人理解的感觉也让内心很窝火吧？

没错，不被人理解的确是一件令人感到不爽的事情。但是，在这个世界上，就像你不可能理解所有人一样，也不可能每个人都能理解你。有句话说得好："懂我的人，不必解释，不懂的人，何必解释。"现实真的就是这样，默契的恋人或者知交之间，只需要一个眼神就能懂得一切，可是和另外一些人之间，说尽千言万语他也无法懂得。所以，我们大可以释然一些，懂得当然好，不懂也无所谓。

当你遭遇别人的不理解时，如果有必要，大可以解释一番，消除彼此之间的隔阂。而如果误会你的人本来就不太讲道理，或者根本无法理解你的想法，那又何必去解释呢，解释得越多，可能误会越深。相反，淡然看待这一切，烦恼也便随风而散了。来看一个历史故事：

三国时期的蜀国，在诸葛亮去世后任用蒋琬主持朝政。当时，蒋琬有一个部下叫杨戏，每次蒋琬与他说话，他总是只应不答。很快，就有人不满了，这些人对蒋琬说："杨戏这样的做法根本就是对您不满，太不像话了！"

可是，蒋琬听后坦然一笑，说："你们都误会他了，人嘛，都有自己的脾气秉性，以杨戏讷于言语的秉性来看，他只是不善于当面表达对我的不满和赞美罢了，所以只好默不作声。其实，这也是他为人的可贵之处！"

此后，蒋琬便得到了"宰相肚里能撑船"的美誉。

其实，随和宽容的心态，不仅可以感动他人，更有益于自己的人生。因为不计较，我们才能拥有从容心境。随和才能拥有自我，随和才能与人为善。

由此可见，一个人要想获得成功，除了能力和付出之外，一颗随和、宽容的心是必不可少的。因为随和，一个人才能在更高的境界上俯瞰苍生，才能够洞晓人生的重要和次要，从而抓住自己真正想要的，避免把宝贵的时间和精力花费在不值得的事情上。同样，随和的人在人脉资源的建立上，也具有明显的优势，相比一个心胸狭窄的小人，谁不愿意和一个随和的人为友呢？

一个人要做到随和，可以从这样几个方面去做：

面对他人的缺点、过失与错误，不予追究。

面对他人的误解，做到通情达理，坦然处之。

遇到不理解自己的人，不要强求对方理解自己，能理解最好，不理解也罢。

不能因为别人误解你而怀恨在心，要在生活中以诚交心，学会忍让和宽容。

正所谓，人生最美是淡然，虽然这个世界很残酷，特别是对于很多草根一族来说，不过，只要怀有一颗随和的心，淡然地看待这一切，你的人生也便不会显得那么残酷了。当然，追求淡然不代表选择平庸，淡然是一种态度，一种心境，更是一种智慧。

3. 我们要在变老之前，做一些80岁还会微笑的事

有些事现在不做就再也没有机会了。趁着年轻，勇敢地去做一些等到我们80岁时还会微笑的事情，这样的人生才会没有遗憾。

时间，总以为还多，但恍然间发现，我们已经不再年轻，大把的时间已经在不知不觉间溜走了。很多的机会，也在不经意间错失了。年少时的我们，总是习惯了等待和拖延，总以为明天之后还有无数的明天。其实，人生短暂，青春更是转瞬即逝，如果不趁着年轻勇敢去做自己想做的事情，到头来只有后悔了。

有些事现在不做就再也没有机会了。趁着年轻，勇敢地去做一些等到我们80岁时还会微笑的事情，这样的人生才没有遗憾。龚露，苏州新东方学校优能中学“骨灰级”英语教师，是一个敢想敢做的追梦人。

龚露从小就对英语特别感兴趣，从小学到高中，英语成绩也非常出色，但遗憾的是，进入大学时，因为被调剂录取到一个自己不喜欢的专业。但是，这完全无法阻止龚露对英语的热爱，她早已经认定英语就是今生的最大梦想。所以，她做出了一件很荒唐的事情，逃课到新东方学英语，全身心泡在英语里，以致被数次通报批评，全校闻名。

龚露说：“被全校通报批评，确实不是一件光彩的事情，但是，我在新东方找到了喜欢的老师、氛围还有朋友，这种归属感是任何其他地方都无法给我的。”在新东方学习期间，龚露也是一样的疯狂，听坏了5个MP3，将新概念听了1000多遍，最终将所有文章倒背如流，很多当时教过龚露的老师都觉得不可思议。

龚露还说，能够选择一条自己喜欢并且擅长的职业发展道路，她永远都不会后悔。

后来，她终于凭着优异的成绩从一名新东方学生成功升级为新东方老师。尽管这个过程并不顺利——曾投递很多简历给多家新东方学校，但都没有消息，还好，最后苏州的一家新东方学校聘请了她。

为了追梦，她千里迢迢来到苏州，独自住在有蟑螂的房间里，又饿又冷，好几次都哭了出来，可是她还是坚持备课，有很长一段时间，她每天只睡两个小时。由于太困，有时候甚至骑着电动车就睡着了，有好几次因为这个撞车，但总是匆匆离去，又去疯狂地上课。大年三十，她在备课，大年初一，她在答疑。整整5年都没有回家过年。这就是为了英语梦想疯狂的龚露，一个看上去有些柔弱的小姑娘。

很快，龚露成为苏州新东方的“骨灰级”英语教师，不过，她追梦的脚步还未停止，她在这个时候选择了出国深造，为实现更大的梦想而努力。

一个人在自己正当青春的岁月里，能够做到为梦想而疯狂，想必到年老时，她一定会感谢自己曾经的执着。

其实，趁着年轻，我们都应该为心中的梦想勇敢地搏一把，是成功还是失败，只有真正去行动过才会知道。现实中几乎人人心中都有一个梦，但做梦的人多，追梦的人却很有限。而那些能够不惧失败，也不害怕任何困难的人，往往最后都闯出了一条属于自己的成功之路。这其中，即便有少数人因为各种原因失败了，但他们并不后悔，这样精彩的过往已经足够让他们感受到人生的价值。

有这样一个很热门的段子：

有一个男孩在墨尔本上大学，有一天凌晨3点，他突然接到室友打来的电话，让他猜猜自己在哪里，这个男孩不以为然地说：“不就是墨尔本嘛，你还能去哪里？”结果，他这位室友很神秘地说："我在西班牙！"

听到这里，男孩愣住了。

原来，在很久之前，他曾经在一个相册里看到西班牙的美丽风景照，当时他就跟室友说，这么漂亮的西班牙，将来一定要去一次。结果，时间已经过去很久，他还没有动身，而他的室友却已经踏在了西班牙的土地上。

这个小故事很有现实意义，因为现实之中这种"光想不干"的人实在是太多了。虽然心里有想法，但想过一遍又一遍，就是不肯迈出行动的脚步。最后，自己的梦想都让别人去实现了。

其实，谁在年轻的时候没有过梦想呢？只不过太多的人因为不相信自己可以实现，最终放弃了。而在这些不相信自己的人当中，绝大部分是因为别人嘲笑他，别人觉得他不可能实现自己的梦想，所以他也便觉得自己不能。

在梦想面前，我们唯一要做的就是相信自己，只有相信自己，未来才可以与众不同。至于别人的嘲笑，终有一天会变成他们对他们自己的嘲笑。

人拥有梦想是一件美好的事情，但实现梦想从来不是一件容易的事情。要真正实现梦想，一定要做到有决心、有勇气、有行动。这三者缺一不可，其中，决心和勇气就像追梦人的左膀右臂，决心代表着"想要去追梦"，勇气则意味着"敢于去追梦"，行动则代表着追梦的脚步。

我国明代文学家吕坤曾说："贫不足羞，可羞是贫而无志。"青春，是我们最宝贵的财富。而梦想，则是青春最迷人的色彩。趁着年轻，为梦想搏击吧！

4. 笨人寻找远处的幸福，聪明人在脚下播种幸福

虽然世界那么大，我们都想去看看，但是看过之后呢？是否就能找到幸福了？事实上，幸福并非在远方，而正是在你的脚下。

每个人都渴望得到幸福，但是，幸福到底是什么呢？有人说过这样一句话："我们总是梦想着远方的一座玫瑰园，却不去欣赏现在就开在窗口的一朵玫瑰。"这句话的用意很明显，就是告诉我们，幸福不在远方，而在身边。

不过，现在的人们都在眺望远方，奔向远方，似乎只有远方才是幸福的所在。对于他们来说，只能看到和羡慕别人的幸福，而自己的幸福总是设定在实现某个目标之后。等结婚后就幸福了，等有房子了就幸福了，等买车了就幸福了……一个目标接着一个目标，但幸福总是不见踪影。

古人云："天下熙熙皆为利来，天下攘攘皆为利往。"很多人其实是被名利蒙蔽了双眼，所以对近在身边的幸福视而不见。

有一天，城郊的寺庙里来了一位富态的中年女人，她对方丈说："方丈您好，我最近严重失眠，浑身乏力，对再美味的饭菜也提不起胃口，感觉对尘世很是厌倦，所以想了却凡尘，遁入佛门。"

方丈懂得医术，于是说："不妨先让我来给夫人把把脉。"

把脉之后，方丈微微一笑，对夫人说："施主只是心中有太多的烦恼，导致体内虚火，并无大碍。"

听到这里，夫人开始对方丈说起自己的烦恼事，一件接着一件。

方丈听完，还是微微一笑，问："施主与你家相公感情如何?"

夫人说："很好啊，几十年相敬如宾，从未红过脸。"

方丈又问："施主膝下可有儿女?"

夫人说："有一个儿子，很是乖巧懂事。"

方丈又问："那么，您家里的经济状况如何?"

夫人回答说："很不错，算得上是富裕人家了。"说到这里，这位中年妇人恍然大悟，拜谢方丈之后，高高兴兴地回家去了。因为她发现，原来她拥有那么多的幸福，自己的那点烦恼和这些幸福比起来，又算什么呢!

细想一下，我们很多时候是否也跟这故事里的夫人一样，明明身在福中却自寻烦恼，还不断地追问："幸福在哪里?"这样的做法是不是有点愚笨呢?

现代人总是有很多的欲望，当他们把这些欲望分解为现实中的一个又一个目标时，幸福也随着这些目标被推向远方，成了一个遥远的向往。其实，幸福不是在某个地方，而是住在自己的心里，聪明的人总是能够发现近在脚下的幸福。一个人要获得幸福只需要做到两件事：

一是善于发现幸福。每个人都不可能是绝对幸运或者不幸的，上帝是公平的，让每个人都同时承受着快乐和烦恼。不同的是，有些人能够发现美好，有些人却只盯着自己的不幸。

二是懂得珍惜幸福。下班回到家，看到妻子做好的也许并不丰盛但却可口的晚餐，你是否会珍惜这份幸福?老家的父母总是时不时地打来电话，叮嘱这个叮嘱那个，你是感到厌烦还是幸福呢？当一个人被幸福围绕，他若懂得珍惜便会幸福，他若不懂得珍惜，这一切的幸福也就不存在了。

下面这个故事的主人公，就是一个典型的身在福中不知福的人。

有一个人，生前秉性善良，并且做了很多善事，死后进入天堂成了一个天使。之后，他又来到人间，要帮助更多的人找到幸福。

一天，他遇到一个男人，这个男人满脸沮丧。可是，天使在询问后得知，这个男人才华、财富、贤妻样样都有了，而且，他还长得十分英俊。

天使问："我能帮你什么呢?"

男人说："我什么都有了，就缺一样东西，就是幸福!"

天使想了想，说："我知道该怎么帮你了。"接着，天使拿走了这个男人所拥有的一切，包括他的才华、财产和美丽贤惠的妻子。

一个月后，天使再次见到这个男子，他面容憔悴，衣衫褴褛，已经成为一个街头乞丐。这时，天使又把一切都还给了这个男人。

半月后，天使又一次来到这个男人身边，看到他正搂着妻子，沉醉在幸福之中。

只有失去之后才懂得什么叫幸福，这就是这个故事揭示的真理。其实，这个道理人人都懂得，但懂得是一回事儿，真正去做又是另一回事儿了。不知道有多少人，终其一生活在这样的"不幸"之中。可以说，人生最大的不幸不是没有获得幸福，而是明明幸福就在身边却一直不懂得珍惜。

虽然世界那么大，我们都想去看看，但是看过之后呢？是否就能找到幸福了？事实上，幸福并非在远方，而正是在你的脚下。我们要学会发现身边大大小小的幸福。永远不要忘了提醒自己，幸福不必求远，只需耕耘脚下的泥土，播种幸福的种子。

5. 或许成不了最好的人，但一定要做最好的自己

美国作家威廉·福克纳说过："不要竭尽全力去和你的同僚竞争。你应该在乎的是，你要比现在的你强。"一个人只要不断进步，终究可以成为最好的自己。

一个人是不是优秀、成功，标准是什么？其实，很多人并没有自己的标准，因为他们的标准在别人身上——比他眼中的那个人更出色才算成功。否则，即使自己再出色，只要比不过他的"眼中钉"，就还是失败。

用这样的标准要求自己，与其说是激励自己，不如说是折磨自己。其实，我们根本没必要成为最好的人，这个世界上也根本不存在最好的人，因为每个人都有自己的优势和劣势，即使是再成功的人也有他的不足之处。所以，衡量一个人是否优秀、成功的正确标准是，你是否成了最好的自己。

曾经，在西班牙举行的一场自行车赛上，发生了令人意外的一幕：

在距离终点只剩300米时，赛车手埃斯特万的自行车不幸爆胎，他只好扛起自行车跑向终点。这时，对于他身后的竞争对手

纳瓦罗来说，自然是一个绝佳的机会。但是，令众人没想到的是，纳瓦罗拒绝超越对手，而是刹车放慢了速度，慢慢地跟随在埃斯特万身后。

看到这一幕，道路两旁的观众纷纷为纳瓦罗鼓掌。最终，爆胎的埃斯特万获得了铜牌，而纳瓦罗与奖牌失之交臂。后来，埃斯特万想把奖牌给纳瓦罗，但遭到了拒绝。

比赛结束后，纳瓦罗表示，他不想在快到终点时超越一个爆胎的对手取胜，这样是不道德的。

比赛有时候比的不是冠亚军，而是胸怀。在唾手可得的奖杯面前，纳瓦罗选择了放弃，他不想只是从奖杯的意义上成为更好的别人，而是选择成为最好的自己。毫无疑问，虽然他输掉了这场比赛，但却已经成为最好的自己，在人生的道路上，他赢了。

要做最好的自己，自信是必不可少的。自信到底有多重要，读过下面这个小故事，你就会深深地体会到。

有一个人，在高山之巅的鹰巢里抓到一只幼鹰，他把幼鹰带回家，养在了鸡笼里。这只幼鹰整日和一群小鸡一块啄食、嬉闹和睡觉。渐渐地，小鸡长成了大鸡，幼鹰也长成了强壮的鹰，于是，主人想把这只鹰训练成猎鹰，以帮助自己打猎。

可是，不管他怎么训练，这只鹰就是无法展翅飞向天空。有时候他在想，也许它已经认定自己是一只鸡了。

主人只得拿出最后的绝招——把这只鹰带到山顶，一把扔了出去。结果，这只鹰就像石头似的，掉落下去，可是，紧接着，它开始奋力扑腾自己的翅膀，就这样，终于飞向了天空，成了一只真正的鹰。

现实之中，有多少原本是一只鹰的人，最后却成了一只鸡，说到底，都是因为缺乏自信，不敢挑战自己。

对于上面的故事，有些人可能会有疑问，觉得这只鹰之所以能展翅高飞，那是因为它原本就是一只鹰，而不是一只鸡。乍一听，这样的定论似乎也有些道理，但其实仔细想想，一个人在没有真正发挥出自身的全部潜力之前，谁又能断定他真的没有潜力了呢？谁又能断定他铁定就一事无成呢？谁有这样未卜先知的能力？你到底是一只鸡，还是一只鹰，等你拼尽全力，只剩下最后一口气时，再做回答吧！

每个人身上都有无限的潜能，只是有些人的潜能已经得到开发，有些人的潜能还在沉睡，后者要做的就是相信自己，唤醒自己的潜能。美国作家威廉·福克纳说过："不要竭尽全力去和你的同僚竞争。你应该在乎的是，你要比现在的你强。"一个人只要不断地进步，终究可以成为最好的自己。

每个人的心中都藏着一个梦，但多数人仅止于做梦，只有少数人迈开脚步，真正去追逐和实现自己的梦，所以他们成了如今的成功人士。一个人要成为最好的自己，关键是勇敢地付诸行动。而很多人不肯行动，都是因为觉得前路困难重重，担心自己无法应对，其实，当你真正踏上征程后会发现，"兵来将挡，水来土掩"，任何困难都有解决之道。甚至是你想象中的大难题，也竟然可以轻而易举地化解。

世界上牵引力最大的火车头停在铁轨上，为了防滑，只需要在它的 8 个驱动轮前面塞一块小木块。如此一个庞然大物，阻止它前行只需 8 个小木块。可是，当这个火车头的时速达到 160 千米时，即使 12 厘米厚的钢筋混凝土墙壁，也能轻易被穿越。同样是这列火车，为何前进的威力截然不同？很简单，因为它动起来了。

因为动起来，所以具有了超出想象的力量。火车如此，人生也是一样。都说“理想是成功的阶梯”，这句话被我们传诵了很多年，但实际上，理想不过是远方的一个目标，是我们要攀登的山顶，行动才是真正的阶梯，因为只有靠着一步步的行动，我们才能真正抵达远方的理想之巅。

你还在等待明天吗？明天就是一个十足的骗子，它用虚假的承诺无情地剥夺你今日的时间——人生最大的财富！它太狡猾，你永远只能想象，却从来也抓不住它，所以，抓住今天，开始为梦想行动吧！

6. 人生的快乐，就是走自己的路、看自己的景

人生短暂，没有比走自己的路更好的选择。快乐就好，何须在意旁人怎么看。人生真正的快乐都是来源于自我愿望的满足，理想的实现，而绝非博取别人的眼光。

你曾经对某个人有过羡慕、嫉妒、恨吗？

学生时代，因为他成绩比你好；工作之后，因为他单位比你强，更重要的是收入比你高；又或者，因为他有一个有钱有势的父亲，有一个人脉四通八达的母亲，等等，这些都可能成为一个人对另一个人羡慕、嫉妒、恨的理由。

出现这一心理的核心是因为嫉妒，就是看不得别人比自己好，看到别人比自己好后渴望自己也能那么好，或者更好。但是

结果呢，自己越来越痛苦。归根结底，这是因为你已经被别人牵着鼻子走了。

嫉妒是人类的天性，嫉妒让我们忘掉自己最想去的方向，而不断跟随着别人的脚步前行。但已经迷失自己的我们不知道，我们痛苦的根源不是自己不够好，而是一定要比别人好。实际上，每个人由于出生环境以及个人能力、兴趣爱好的不同，都会有一条属于自己的道路。人只有一心一意地走自己的路，看自己的风景，才能够找到真正的快乐。

作家莫言就是一个坚定寻找自己快乐的人。获得诺贝尔奖后，莫言在得到褒奖的同时，也遭遇了很多负面评论，但面对于此，莫言却表现得非常超然，他说："起初我以为大家争议的是我，但后来我渐渐发现，这个备受争议的对象是一个与我毫不相干的人，而我自己成了一个看戏的人，看众人的表演，看那个被争议的人身上落满了鲜花，绑上了石头，也泼上了污水，但是，他仍然微笑着从花朵和石头中钻出来，并且擦干净身上的污水，坦然地站在一旁。"

这个世界上有两种人最容易陷入痛苦，一种是嫉妒别人的人，一种是被人嫉妒的人，前者因为心有不平，后者因为遭受非议。莫言属于被嫉妒的人，但是，因为他只想走自己的路，所以能够坦然面对一切非议，进而保护了自己那份单纯的快乐。

不羡慕，不攀比，不模仿，不在意，把目光从别人身上收回来，不求成为最好的别人，只求成为最好的自己，这才是智慧的选择。

在如今这个追名逐利的时代，"走别人的路"似乎已经成为一种"时尚"，为了速成，人们想到的最快捷的成功方法就是“复制别人”。当然，这里所说的复制就是模仿。更直接地说，就是看到别人做什么也就想去做什么。比如看到有人做房地产成功了，他也就想去做房地产，或者看到别人炒股赚钱了，也禁不住心动。殊不知，在复制别人的过程中，他已经悄然被羡慕、嫉妒、恨的心理所控制，已经走上了一条失去自我的痛苦之路。

人生短暂，没有比走自己的路更好的选择。快乐就好，何须在意旁人怎么看。人生真正的快乐都是来源于自我愿望的满足，理想的实现，而绝非博取别人的眼光。如果你讨好了自己的内心，走了自己想走的路，看了自己想看的景，即使全世界都不了解你，你一样能感受到一种来自心底的快乐。

7. 坏记性是变得幸福的一大法宝

人生在世，会遇到各种各样的人，会经历各种各样的事情，不可能把每一个细节都算计得很清楚。有时候适当的“傻”一些，不但不吃亏，反而可以达到一种人生的高境界。

很多人之所以感到生活不幸福，不是因为他的现在有多糟，而是因为他对糟糕的过去耿耿于怀，不肯放下。

过去，你可能有过一段耻辱的失败，也可能犯过一个懊悔不已的错误，又或者你曾走过一段本可以避免的弯路。但是无论这段过去多么糟糕，它已经过去了，已经无法改变了。所以，让一个糟糕的过去来破坏现在的幸福，实在很不划算。

美好的过往，需要珍藏心底。糟糕的过去，还是选择遗忘比较好。坏记性是收获幸福的一大法宝，善于遗忘该遗忘的也是一种本领，更是一种境界。

阿拉伯著名作家阿里，有一次和朋友吉伯、马沙一起旅行。当他们经过一处山谷时，马沙失足滑落，幸好吉伯及时拉住他，并且拼命地救起了他。马沙得救之后，在附近的一块石头上刻下了这样一行字：某年某月某日，吉伯救了马沙一命。

之后，3 个人又继续上路了。有一天，吉伯和马沙因为一件小事吵了起来，情急之下，吉伯打了马沙一个耳光。这一天，马沙跑到沙滩上，写下：某年某月某日，吉伯打了马沙一个耳光。

当旅行结束后，阿里终于忍不住问马沙，为什么要把吉伯救他的事情刻在石头上，而将吉伯打他耳光的事记在沙滩上。马沙回答说："我永远都感激吉伯救我，我会记住的。至于他打我的事，我会随着沙滩上字迹的消失，而忘得一干二净。"

这个故事告诉我们，那些带给我们美好的事情应该记住，而那些带给我们烦恼甚至仇恨的事情，应该抛到九霄云外。记住该记住的，忘记该忘记的，这是人生的大智慧。从某种意义上说，一个人记忆力好并不值得羡慕，记忆力太好的人，内心会装满更多的烦恼，而善于忘记的人才能活得更加轻松自在。

有一首白话诗是这样说的："春有百花秋有月，夏有凉风冬有雪。若无闲事挂心头，便是人间好时节。"所谓"无闲事在心头"，便是教导我们要学会放下，学会忘记，唯有这样，生活才能更加美好。

我还听过这样一个小故事：

有一天晚上，一个女士去看望她最近正在遭人诬陷的一个朋友，两人正在吃饭时，朋友接了个电话，女士听出是有人要告诉朋友诬陷他的人是谁，结果，这个朋友说："你可千万别告诉我，我不想知道。"

电话挂断后，女士好奇地问："你为什么不想知道是谁诬陷了你？"

她的朋友回答说："知道了又怎样，有些事不需要知道，需要永远忘记。"

如果生命当中注定会有烦恼和忧伤，那么，遗忘就是避免烦恼和忧伤的最好武器。在这个小故事中，面对诬陷自己的人，这位朋友果断地选择了不想知道这人是谁，可见其胸怀之大。没错，一个人要做到善于遗忘，一定要有一颗宽容的心。

宽容是人性中最美的情感，也是一种至高的境界。懂得宽容的人，在工作和生活中面对别人的过错，能够以一颗平常心选择不计较、不追究，这于己于人都是一件好事，因为宽恕别人也等于善待自己。

富兰克林说："对于所受的伤害，宽容比复仇更高大得多。"所以，当别人对我们造成的伤害已经成为既定事实时，与其愤怒、复仇，不如一笑而过。当然，我们这样做并不是因为胆小或者懦弱，而是不屑于斤斤计较。这份宽容不仅能换来对方的感激，甚至还能"化干戈为玉帛"，交下一个难得的朋友。

人生在世，会遇到各种各样的人，会经历各种各样的事情，不可能把每一个细节都算计得很清楚。有时候适当的"傻"一些，不但不吃亏，反而可以达到一种人生的高境界。古语有云，"大智若愚"，有大智慧的人从来都是最懂得装糊涂的人。正所谓"假糊涂，真智慧"，选择性遗忘也正是一种真智慧。

忘记无缘的朋友，忘记失败的恋情，忘记走过的一路挫折，轻装上阵，才能迎接更明媚的未来。

8. 时间能证明一切

如果你心中有梦，无论这梦想实现的可能性是大是小，都勇敢地迈出追梦的脚步吧！只有真正努力过，时间才会给你一个答案——你到底行还是不行。

时间是这世间最神奇的魔法师，它能让真的变成假的，也能让假的变成真的。比如感情，在时间的流逝里，有些你曾经以为很真挚的感情却露出虚假的面目，而一些你曾怀疑的感情最后却被证明是发自内心的真挚。

在人的一生中，时间也在扮演着一个“过滤器”的角色，你的付出可能一时之间看不到收获，可是，只要你真正付出了，时间这个“过滤器”一定会为你“过滤”出你应得的回报。从这个意义上说，生命的残忍在时间这里得到了最有效的修正，因为时间对所有人公平相待，我们能够感受到人生更多的温柔。

黄豆豆在舞蹈这条道路上的奋斗历程，也为我们诠释了“时间可以证明一切”。

黄豆豆很小的时候就立志当一名舞蹈家。为了实现这个梦想，12 岁那一年，他考入了上海舞蹈学院学习民族舞。可是，舞蹈之路并不顺利。与黄豆豆同时考入的其他十几名同学，都比黄豆豆高，身体的柔韧性也都比他好，为此，同学们常常取笑他说：“像你这样的身体条件，还想成为舞蹈家，这简直是痴人说梦！”

面对嘲笑，黄豆豆很难过，但并没有放弃。他想，“难道仅仅因为身高，我就放弃梦想吗？都说舞蹈是一种触动灵魂的表演，那我不如在这方面下功夫。”黄豆豆决定用行动来证明一切。

在这之后，黄豆豆在舞蹈的练习上更加勤奋了，而且，此时的他不单单追求动作的完美，更追求一种把自己融入到作品中的那种物我两忘的境界。当然，真正融入作品并非易事，不仅需要舞者有扎实的舞蹈功底，更要有专业的文化素养。于是，黄豆豆又开始熟读古今名著，常常是别人都睡了，他还在苦读。

就这样，黄豆豆的艺术修养越来越高。

21 岁那一年，中国歌舞团的导演陈维亚创作了一个舞蹈叫《秦俑魂》，准备参加中国舞蹈“桃李杯”的比赛，到上海来选演员。无疑，这是一个很好的机会，可是，因为个子矮小，学校根本没有推荐黄豆豆！得知这一消息，黄豆豆藏起心中的失望，根据对“秦俑”的理解自编了一段舞蹈。他相信，属于自己的机会一定会到来。

有一天晚上，黄豆豆像往常一样在练功房练功，练习的正是自编的《秦俑魂》。在舞蹈的时候，他想到秦始皇兵马俑实际都是些无辜的殉葬品，不禁悲从心来，随即一跺脚，一切掌，仰天长啸了一声，身体随着音乐的舞姿也更加有力。而这一幕，恰巧被外出归来的陈维亚看到了，他当即被震撼，选定了黄豆豆。

第二天，黄豆豆被陈维亚钦点为《秦俑魂》的主演。在后来的比赛中，黄豆豆也是“舞惊四座”，一举获得古典舞比赛男子组第一名。当时，作为大赛评委之一的，也是当今舞坛最具权威性的“洛桑国际芭蕾舞大赛”的主席菲力普先生激动地评论说：“黄豆豆是在用灵魂演绎舞蹈，在用舞蹈表现灵魂，他将来必定是一名卓越的舞蹈家!”

当晚，菲力普先生更是破例邀请黄豆豆作为嘉宾，在“洛桑舞赛”上做压轴演出，这是多少大牌舞蹈明星都望眼欲穿的啊!

从此，黄豆豆在舞蹈这条道路上越走越远，成为享誉国内外的舞蹈艺术家。2010 年，年仅 33 岁的黄豆豆当选为中国舞蹈家协会副主席。此时的他，也是感慨万千，想到当年被同学们耻笑“痴人说梦”，他更加坚信行动的力量了！至今，他的办公室里还挂着那幅他亲手写下的“事源于思而成于行”。

常言道，路是脚踏出来的，历史是人写出来的。同样，在追求理想的道路上，行动永远比言语更重要。一个人，无论他有多好的先天条件，如果后天不付诸行动，也不可能走向成功。相反，一个人即使先天条件落于人后，只要他执着地付诸行动，也照样能成就一番事业。黄豆豆不正是如此吗?

在刷朋友圈无比盛行的今天，当你只会躺在床上“刷刷刷”的时候，有想过别人在做着怎样的努力吗？你大概更没有想过，等到三五年之后，当别人事业有成时，你又是谁？还是那个只会给别人点赞的人吗?

所以，如果你心中有梦，无论这梦想实现的可能性是大是小，都勇敢地迈出追梦的脚步吧！只有真正努力过，时间才会给你一个答案——你到底行还是不行。

时间可以证明一切，我们做事情一定要守诚信、光明磊落，要摸着自己的良心去追求自己的理想，就算被别人误会了，但是只要是对的事情就会去做。在人生的道路上，我们无须计较眼前的得失和困惑，只需要淡定从容地去努力，时间最终会馈赠给你甜美的果实。

时间总是如此公平，正因如此，我们才认为时间残酷，但残酷中未曾不饱含一种柔情。只问耕耘，莫问收获，随着岁月的变迁，我们终将看到灿烂之花开满园。这，就是时间给出的美丽答案。